MARCO POLO

Florida

Reisen mit Insider Tipps

Diesen Reiseführer schrieb Doris Chevron, die in New York und Connecticut lebt. Die Aktualisierung besorgte der Reisejournalist Ole Helmhausen.

www.marcopolo.de

Infos zu den beliebtesten Reisezielen im Internet, siehe auch Seite 108

SYMBOLE

Insider Tipp **MARCO POLO INSIDER-TIPPS:**
Von unseren Autoren für Sie entdeckt

★ **MARCO POLO HIGHLIGHTS:**
Alles, was Sie in Florida kennen sollten

HIER HABEN SIE EINE SCHÖNE AUSSICHT

WO SIE JUNGE LEUTE TREFFEN

PREISKATEGORIEN

Hotels

€€€	über 140 Euro
€€	80–140 Euro
€	bis 80 Euro

Die Preise gelten in der Hochsaison (Winter) für zwei Personen im Doppelzimmer exklusiv Steuern.

Restaurants

€€€	über 40 Euro
€€	22–40 Euro
€	bis 22 Euro

Die Preise gelten für ein Abendessen mit drei Gängen. Mittagsmenüs kosten meist deutlich weniger.

KARTEN

[118 A1] Seitenzahlen und Koordinaten für den Reiseatlas Florida

Karten für Miami und Miami Beach finden Sie im hinteren Umschlag.

Zu Ihrer Orientierung sind auch die Orte mit Koordinaten versehen, die nicht im Reiseatlas eingetragen sind.

GUT ZU WISSEN

Florida boomt **11** · Spezialitäten aus Florida **20**
Here comes the sun **32** · Conch Republic **42** · Der Florida-Krimi **52**
Castles und Käuze **62** · Addison Mizner **80** · »Tickets, Tickets!« **88**

INHALT

Die wichtigsten

MARCO POLO Highlights

Sehenswürdigkeiten, Orte und Erlebnisse, die Sie nicht verpassen sollten

1 Miami Skyline
Ozeanriesen vor Wolkenkratzer: eine einmalig eindrucksvolle Perspektive – besonders vom Metromover aus (Seite 29)

2 Art Déco District
Inmitten der quirligen Atmosphäre von Miami Beach schillern die aerodynamischen Architekturformen aus den 1920er-Jahren in tropischen Farben (Seite 29)

3 Miami Beach
Das lebhafte Strandleben zwischen Ocean Drive und dem Meer kennt besonders in den Wintermonaten keine Pause (Seite 36)

4 Overseas Highway
Übers Meer bis fast nach Havanna zu fahren (Seite 39)

5 Key West
Floridas südlichster Punkt: Treff aller Künstler und Lebenskünstler (Seite 44)

6 Ten Thousand Islands
Bootsfahrt mit Rangers durch das Mangrovenlabyrinth des Everglades National Park (Seite 52)

7 Sanibel und Captiva Island
Die besten Muschelgründe der Welt warten an den Stränden der beiden Barrier Islands vor Fort Myers an der Westküste (Seite 61)

Naturschönheit pur in den Everglades

Astronaut im Kennedy Space Center

8 Busch Gardens Tampa
Mit der Eröffnung von SheiKra, einem 90 Grad steilen Dive Coaster, bietet Busch Gardens gleich vier der atemberaubendsten Achterbahnen der USA (Seite 64)

9 Perdido Key und Santa Rosa Island
Lange Strände mit feinstem, fast weißem Quarzsand an der Panhandleküste (Seite 70)

10 Seaside
Der Schauplatz des Jim-Carrey-Films »Truman Show« wird zur perfekten Kulisse für den Familienurlaub (Seite 70)

11 Cape Canaveral
Gleich neben der Weltalltechnik des Kennedy Space Center warten Naturschutz- und Wandergebiete mit langen, naturbelassenen Stränden (Seite 75)

12 Daytona Beach
In der Rennfahrerstadt lässt sich auch der Strand mit Bikes und Autos befahren (Seite 76)

Miami – Glamour und Romantik

13 Palm Beach Bicycle Trail
Es gibt keinen unauffälligeren Weg, den reichen Villenbesitzern mal in die Vorgärten zu blicken (Seite 80)

14 Animal Kingdom
Vom Dinosaurier bis zum Elefanten – die ganze Tierwelt in der Interpretation von Walt Disney (Seite 88)

15 Magic Kingdom
Herz und Seele des Disneyreichs, aufregend von der nassforschen Dschungelfahrt bis hin zur Big-Thunder-Mountain-Achterbahn (Seite 89)

★ Die Highlights sind in der Karte auf dem hinteren Umschlag eingetragen

Entdecken Sie Florida!

Der Sunshine State lockt mit Sonne, Sand und viel Entertainment

Der *American Way of Life* ist ein Mythenmix aus Freiheit und Freizeit, Sonne und Sand, Optimismus und Offenheit, schnellem Geld und schnellem Genuss. Nirgendwo in den Vereinigten Staaten erleben Sie diese unbekümmerte Lebensart so ausgeprägt wie in Florida, dem *Sunshine State.*

Das klingt nach Exotik und Erholung und strahlt – wie einmal der Literaturnobelpreisträger John Steinbeck schrieb – »ein Gefühl von Wärme, Zwanglosigkeit und Wohlbehagen aus«. Auf demselben Breitengrad wie Nordafrika aalt sich Florida zufrieden unter meist blauem Himmel. Die Stimmung entspricht den Aussichten: überwiegend heiter. Obwohl nur knapp halb so groß wie Deutschland, gehört das Land mit seiner Küstenlinie von 3000 km Länge (wenn man alle Inseln berücksichtigt, sind es sogar 13600 km) mit zu den populärsten Reisezielen der Welt. 2004 erzielte es mit 76,8 Mio. Besuchern einen neuen Rekord. Bevorzugt ist der Winter, wenn die Quecksilbersäule hier auf Temperaturen steigt, wie es sie in

Miami Beach: fröhliches Strandleben unter Palmen

Tropische Farben auch am Bau

Europa und im Norden der USA nur im Sommer gibt.

Nicht nur smaragdgrünes Meer und weiße Strände gehören zu den natürlichen Attraktionen Floridas. Es gibt darüber hinaus viel Exotisches. Gefährliche Alligatoren leben in freier Wildbahn, majestätische Silberreiher, Pelikane und Seeadler bevölkern die Mangrovenwälder und die Brackwassergebiete. Aquariumbunte Fische schwärmen durch die bizarren Unterwasserlandschaften der Riffe vor den Keys.

Auch die Zivilisation setzt spektakuläre Akzente: An der Ostküste starten turmhohe Raketen vom Spaceport Cape Canaveral aus und befördern Raumschiffe und Satelliten in die Erdumlaufbahn. Und in Orlando locken gigantische Freizeitparks mit der phantastischen Comicwelt Walt Disneys.

Geschichtstabelle

1513 Der Spanier Juan Ponce de León entdeckt die Halbinsel und nennt sie Florida

1565 St. Augustine, die älteste Stadt der USA, wird gegründet

1763 Spanien tauscht mit den Briten Florida gegen Kuba, macht den Handel jedoch 1783 rückgängig

1785 José Gaspar beginnt an der Westküste sein unheiliges Wirken als Pirat

1817 General Andrew Jackson marschiert in Nordflorida ein und beginnt einen Vernichtungskrieg gegen die Indianer

1819 Spanien verkauft den USA Florida für 5 Mio. Dollar

1835 Floridas letzte Indianer verweigern ihre Umsiedlung. 3000 Ureinwohner werden mit Truppen in den mittleren Westen Amerikas deportiert. Wenige überleben in den unzugänglichen Everglades

1845 Florida wird mit 66 000 Einwohnern 27. US-Bundesstaat

1861 Bau der Eisenbahn zwischen St. Augustine und Cedar Key. Wegen der Sklavenfrage spalten sich Florida und zehn weitere Südstaaten vom Norden ab. Der Sezessionskrieg bricht aus

1865 Die Südstaaten kapitulieren

1880 Die Bevölkerung Floridas wächst auf 270 000 Ew. an

1885 Eisenbahnpionier Henry Flagler beginnt den Bau der East Coast Railroad. 1894 ist Palm Beach erreicht, 1896 Miami und 1912 der Endpunkt Key West

1920 Ein Immobilienboom lockt Amerikaner aus dem Norden

1940 2,5 Mio. Touristen strömen ins Land (2 Mio. Ew.)

1959 Castros Revolution vertreibt Zehntausende Kubaner, die sich in Miami niederlassen

1961 John Glenn startet von Cape Canaveral aus als erster Amerikaner in den Weltraum

1971 Walt Disney World öffnet seine Tore nahe Orlando

1977 Mit der Rettung der vom Abriss bedrohten Art-déco-Häuser in Miami Beach wird das Viertel zum glamourösen Treffpunkt

2000 Floridas Wahlmänner sorgen für den Wechsel im Weißen Haus: George Bush Jr. wird Präsident

2004 Selbst im Hurrikan-Jahr 2004 erzielte Florida mit 76,8 Mio. Besuchern einen neuen Rekord

2005 Eröffnung von SheiKra, der ersten »Sturzflug«-Achterbahn der USA in Busch Gardens Tampa

Der 27. Staat der USA lebt den *American Way of Life* im großen Stil, mit gut ausgebautem Straßennetz. So können Sie die Landschaft bequem erkunden. Übernachtungsmöglichkeiten finden Sie überall: Es gibt mehr als 6000 Hotels und Motels. Und auf jedem Abstecher landeinwärts reist für Sie die Gewissheit mit: Kein Ort liegt weiter als 90 km vom Meer entfernt.

» Die erste von Europäern entdeckte Region Amerikas «

Das moderne Florida trübt den Blick dafür, dass dieser Teil der Welt die erste von Europäern entdeckte Region Nordamerikas war. Außer dem Namen Florida und einigen Hinterlassenschaften in St. Augustine, der ältesten Siedlung in den USA, ist vom Fund des Spaniers Juan Ponce de León im Jahr 1513 nicht viel geblieben. Die ersten Siedler hatten nicht die Mittel, um den Hurrikanen, Überflutungen, Feuersbrünsten und Termiten auf Dauer zu widerstehen.

So wirkt es wie eine Ironie der Geschichte, dass der Süden einige Jahrhunderte später doch noch hispanisiert wurde. Denn Miami und Umgebung sind längst politisches und wirtschaftliches Exil für Kubaner, Nicaraguaner und El Salvadorianer, die zusammen mit Französisch sprechenden Schwarzen aus Haiti mehr als die Hälfte der Bevölkerung von *Greater Miami* stellen.

Das Florida von heute ist ein starkes Kontrastprogramm zu den historischen Ereignissen, die die Region erlebt hat. Jene Vision, die sich Industrielle und Bauunternehmer vor der Wende zum 20. Jh. für die Halbinsel ausmalten, machte vieles vergessen: den Sezessionskrieg von 1861–65, die Rassentrennung, die Diskriminierung der Indianer. Män-

Zigarrenherstellung nach kubanischer Art

Flamingos in leuchtender Art-déco-Farbe

ner wie der Milliardär Henry Flagler mit ihren Eisenbahnlinien und staatlichen Hotels schufen einen Landstrich mit Urlaubsfluidum. Die Investoren profitierten davon, dass die American Medical Association 1885 den Südzipfel von St. Petersburg, Pinellas Point, zum gesündesten Fleck der gesamten USA ausrief. Der Run begann.

Die luxuriösen Hotels lockten reiche Amerikaner aus dem Norden. Glühbirnenerfinder Thomas A. Edison und Autokonstrukteur Henry Ford bauten sich Residenzen. Florida wurde zum Ziel einer zugvogelartigen Bewegung, der sich Jahr um Jahr mehr Gäste anschlossen. Ganze Orte entstanden auf dem Reißbrett und wurden wie Palm Beach, Miami Beach, Daytona, Boca Grande oder St. Petersburg zum Inbegriff für herrlichen Strandurlaub.

Zu den Feriengästen gesellten sich zum Glück einige Landschaftsschützer. Jäger wie die US-Präsidenten Teddy Roosevelt und Harry Truman priesen verschlossene Naturschönheiten wie die Everglades mit ihren seltenen Tieren, Taucher verliebten sich in die Korallenriffe. Für sie und alle anderen, die kommen, bleibt trotz des wachsenden Besucherzustroms ausreichend Spielraum: Segler und Motorbootkapitäne genießen die Wasserwege zwischen den vorgelagerten Inseln und schippern durch Buchten und Kanäle.

» *Viel gepriesen: Naturschönheiten wie die Everglades* «

Höhepunkt der Entwicklung ist die rund um Orlando gebaute Ferienwelt mit Walt Disney World als Mittelpunkt einer Vielzahl von Vergnügungsparks, die Florida zu einem Gebiet mit Ganzjahrestourismus und zum idealen Reiseziel für Familien mit Kindern gemacht hat.

Der moderne Touch, den man an den Hochhäusern von Miami und an den mächtigen Brücken, die die Keys und die Buchten überspannen, ablesen kann, setzt sich in der Computer- und Rüstungsindustrie fort. Seinen imposantesten Ausdruck findet er im Raketenbahnhof Cape Canaveral.

Die letzten 100 Jahre haben das Land mit seinen 17,3 Mio. Einwohnern nicht nur zum viertbevölkerungsreichsten US-Bundesstaat gemacht, sondern auch zu einem der wohlhabendsten. Die Stimmung ist kosmopolitisch. Eine Ausnahme bildet dabei nur der Nordwesten – der so genannte *Panhandle*. Seine Bewohner sind als Patrioten bekannt und als Waffennarren berüchtigt.

»Die Stimmung ist kosmopolitisch«

Florida ist über 150 000 km² groß: Von Pensacola nach Key West erstreckt sich der Staat über rund 1342 km. Die Halbinsel, die von den geschmolzenen Eismassen der Eiszeit geformt wurde, bekam ihre charakteristische Landschaft vor etwa 6000 Jahren. Zahlreiche Flüsse und rund 30 000 kleine und große Seen prägen die Natur, in der die höchste Erhebung nur ganze 103 m über Meeresniveau hinausragt.

Je nach Jahreszeit bewegen sich die Touristenströme in unterschiedliche Richtungen. Die »Redneck-Riviera« rund um Pensacola ist ein Sommerferienziel und vor allem bei alteingesessenen Südstaatlern *(rednecks)* populär, denen die mondänen Abschnitte, etwa die Goldküste zwischen Fort Pierce und Fort Lauderdale, nur wenig behagen. Die Westküste entlang des Golfs von Mexiko war lange das Paradies der Pensionäre, die sich zwischen Cedar Key und Marco Island niedergelassen haben. Die Nordostküste zwischen Jacksonville und Cape Canaveral ist hingegen besonders bei Familien beliebt.

Besucher aus Europa streben vor allem nach Zentralflorida zu den Vergnügungsparks und Attraktionen in Orlando, nach Miami, der pulsierenden Metropole mit karibischem Flair, sowie in das Naturschutzgebiet der Everglades und auf die Florida Keys. Den *American Way of Life* finden Sie aber überall. Genauso wie das echte Florida. Wer es entdecken will, darf bei seiner Reise nie vergessen: Es lohnt sich, genau hinzusehen. Der *Sunshine State* ist mehr als die Summe seiner Klischees.

Florida boomt

Rekordzahlen trotz Hurrikan-Jahr

Wer mit dem Wagen von Orlando nach Tampa fährt, kann sich selbst überzeugen: Florida wächst und wächst. Überall wird gebaut, erweitert, vergrößert. Die Krise nach dem 11. September 2001 steckte der Sunshine State ebenso weg wie das Hurrikan-Quartett im Spätsommer 2004. Floridas Marketingstrategen sind dennoch besorgt. Denn wie stark sich die Bilder von Charley & Co. tatsächlich auf das Reiseverhalten der Besucher auswirken, werden erst die nächsten Jahre zeigen.

Vergnügungsparks, schräge Szene und strenge Gesetze

Ein kleiner Leitfaden durch Floridas Besonderheiten

Architektur

Florida hat der Welt ein paar architektonische Besonderheiten geschenkt. Zu ihnen zählt der *Art Déco District* in Miami Beach. Er zeigt mit seiner gradlinigen, bonbonfarbenen Gestaltung, dass man in Florida seit dem ersten Boom modern und mutig zugleich dachte. Das gilt auch für die spanischen Bauidealen nachempfundenen Häuser von Addison Mizner, der Palm Beach prägte. Während aufkommende Patina diesen durch und durch amerikanischen Stilen eine interessante Note gibt, bauen couragierte Planer schon die Denkmäler der Zukunft – von virtuosen Wolkenkratzern in der Brickell Avenue von Miami bis zu phantasievollen Resorthotels in Disney World. Tradition hat sich im Norden gehalten. Holzhäuser mit Veranden künden vom beschaulichen Leben der Plantagenbesitzer. Durchschnittsbürger wohnen heutzutage in flachen Einfamilienhäusern und oft auch in so genannten *Trailer Parks* in riesigen stationären Wohnwagen.

Die wenigen in Florida verbliebenen Indianer leben häufig vom Tourismus

Fauna

Immer mehr Arten der exotischen und reichhaltigen Tierwelt (470 Vogelarten, 94 Säugetierarten) werden bedroht von der Zivilisation. Florida-Panther, Spitzkrokodil und Seekuh gibt es nur noch in verschwindend kleiner Zahl, und etlichen Vogelarten, darunter Ibis, Adler, Kormoran und Storch, fehlt zunehmend der Lebensraum. Meeresschildkröten, die an der Ostküste an Land kommen, um ihre Eier zu legen, werden mittlerweile mit viel Fürsorge umhegt, Alligatoren erfolgreich in Farmen gezüchtet. In den Parks und Schutzgebieten sind noch eine ganze Reihe exotischer Tiere in freier Wildbahn zu sehen.

Nur eine Tierart lebt in dem schwülen Klima denkbar ungestört: die Stechmücke. Sie plagt die Menschen jahrein, jahraus.

Flora

Gras und Bäume dominieren die Pflanzenwelt Floridas. Während Riedgras und Kiefernwälder sowie

Florida – weltberühmt als Anbaugebiet für Zitrusfrüchte

das dichte Zwergeichengesträuch im Norden einheimisch sind, wurden Zitrusbäume und Palmen importiert. Vor den Küsten wachsen am und im Meer Mangrovenwälder und bieten den Wasservögeln ein Zuhause. Und Floridas Blumenreichtum wird von prächtigen Orchideen und Lilien gekrönt.

Gay Community – Schwulenszene

Sonne, Strand, tropische Cocktails und die damit einhergehende Sorglosigkeit haben Florida zu einem Lieblingsziel der Homoszene gemacht. Schrille Trendsetter wie die Sängerin Madonna, die sich hier eine Zweitwohnung zulegte, zogen die *jeunesse dorée* der Mode-, Model- und Musikszene nach. Auch Gianni Versace lebte am Ocean Drive in Miami Beach, wo er direkt vor seiner Villa erschossen wurde. Nicht weit davon entfernt, am 12th Street Beach, stellen muskelbepackte Männer mit Vorliebe ihre Körper zur Schau. Danach geht es in die Gyms und die Clubs. Andere liberale Hochburgen der Szene sind Fort Lauderdale und Key West.

Hurrikane

Mit welcher Urgewalt die Natur zu Werke geht, zeigt sich in Florida, wenn ein *hurricane* zuschlägt. Die tropischen Wirbelstürme bilden sich in der Regenzeit zwischen Juni und Oktober in Tiefdruckgebieten über dem warmen Wasser der Karibik und ziehen von dort in kaum vorhersehbaren Bahnen nach Norden. Gefährdet ist die gesamte Küste von Mexiko über Florida bis North Carolina. Mit Windgeschwindigkeiten über 300 km/h schlagen die Stürme auf ihrem Weg eine breite Schneise der Zerstörung. Die meisten Menschen verunglücken in der meterhohen Flutwelle, die den Sturm begleitet. Überall an der Küste gibt es Schutzunterkünfte und Evakuierungsstraßen in Richtung Inland. Warnungen werden frühzeitig über Fernsehen und Radio verbreitet.

Indianer

Die Ureinwohner Amerikas kamen vor etwa 12000 Jahren über die Beringstraße aus Asien ins Land und siedelten sich an den Küsten an. Ähnlich wie die Inkas errichteten sie Tempelbauten auf künstlichen Hügeln. Das, was heute am stärksten an sie erinnert, sind die geografischen Begriffe ihrer Sprache. Viele Indianer vom Stamm der *Apalachee* und der *Timucua* starben an eingeschleppten Krankheiten. Sklavenhändler lockten rund 12000 Ureinwohner in die Gefangenschaft. Schon im 16. Jh. war die indianische Bevölkerung auf ein Viertel geschrumpft.

Auch die Indianer vom Stamm der *Oconee Creek,* die aus Georgia eingewandert waren, wurden verfolgt, zuerst 1817/18 in einer Strafexpedition des Armeegenerals und späteren US-Präsidenten Andrew Jackson und dann 1835, als sie sich weigerten, in das Indianerterritorium Oklahoma umzusiedeln. Einige Hundert entgingen der Gefangennahme und flohen in die sumpfigen Gebiete im Süden. Ihre Nachfahren erhielten 1970 16 Mio. $ Entschädigung für Land, das ihnen unter Bruch alter Verträge weggenommen worden war. Zwei Stämme sind übrig geblieben. Die 600 *Miccosukee* leben heute in Reservaten am Nordrand des Everglades National Park, die 2000 *Seminolen* in fünf Reservaten – unter anderem in Big Cypress, in Brighton am Lake Okeechobee und in Hollywood.

Intracoastal Waterway

Boote gehören in Florida zum Lebensstil. Wo es die Wasserwege gestatten, werden sie wie Autos als Verkehrsmittel benutzt (wer es sich leisten kann, verfügt über eine private Anlegestelle). Der Intracoastal Waterway ist das Herzstück für das Leben am und auf dem Wasser. Das System einer teils durch Kanäle ergänzten natürlichen Wasserstraße von New Jersey im Norden bis nach Texas umringt Florida vollständig. Die Wortschöpfung *intracoastal* (innere Küste) beschreibt das Phänomen nicht ganz korrekt. Die Nehrungen und Barrier Islands, hinter denen sich Segler, Motorbootkapitäne und Fischer geschützt vor Wetter und Strömung bewegen, sind der eigentlichen Küste vorgelagert. Zahllose Ziehbrücken verbinden sie mit dem Festland: Kreuzungen, an denen Boote Vorfahrt vor den Autos haben.

Landwirtschaft

Florida rangiert unter den zehn wichtigsten US-Bundesstaaten in der Fleischproduktion. Die meisten Rinderfarmen befinden sich in Zentralflorida im Umland von Orlando, wo Cowboys – genauso wie in Texas – aus Tradition Rodeos abhalten. Außerdem wachsen in Florida 80 Prozent der Früchte für die amerikanische Zitrusfrüchteproduktion auf einer Fläche von insgesamt 3000 km^2. Die Erträge belaufen sich auf mehr als 4 Mia. Euro pro Jahr. Aber die Industrie ist nicht vor Rückschlägen gefeit. Die Farmer kämpfen ständig gegen Baumkrankheiten und müssen erntemindernde Winterfröste hinnehmen.

Manatees

Sticker mit dem Aufruf *Save the Manatees* zur Rettung der Seekühe kleben an vielen Stoßstangen. Tatsächlich sind die bis zu 3 m langen

Mit dem Wasserflugzeug zum Dry Tortugas National Park

und teils über 500 kg schweren Säugetiere akut vom Aussterben bedroht. Früher waren sie entlang der Küste zwischen North Carolina und Texas anzutreffen. Fast blind und zum Atmen dicht unter der Wasseroberfläche schwimmend, haben Umweltverschmutzung und Schifffahrt ihr Schicksal inzwischen (fast) besiegelt: Jährlich werden allein 50 Tiere von Schiffsschrauben getötet. Die letzten Manatees leben an der Golfküste, vor allem in den Mündungen von Crystal und Homosassa River. In Miami bemüht sich das Seaquarium um die Manateezucht.

Musik

Salsa, Merengue, Latinopop, Latinojazz und -rap: Latinomusik boomt! Besonders in Miami und Miami Beach finden die unwiderstehlichen Rhythmen aus Südamerika und der Karibik begeisterte Fans. Zu den Vorreitern gehörten *Tito Puente, Cella Cruz* und *La India.* Dann folgte *Gloria Estefan* mit internationalen Bestselleralben. Inzwischen ist die gebürtige Kubanerin, die viele jüngere Latin-Musiker inspirierte, ein gesellschaftlicher Fixpunkt in Miami. Außerhalb der Latin-Szene verkörpert noch ein Musiker den entspannten Lebensstil im Sunshine State: *Jimmy Buffet,* heute Anfang 60, spielte sich mit Wohlfühl-Songs wie »Margaritaville« und »Cheeseburger in Paradise« in die Herzen der Amerikaner und hat sogar eine eigene Fangemeinde, die *Parrotheads.*

National Parks

Drei der 57 amerikanischen National Parks befinden sich in Florida: *Everglades, Biscayne* und *Dry Tortugas.* In diesen Naturschutzgebieten leben (und überleben) Tiere und Pflanzen weit gehend ungestört. Ein Heer von *Rangers* widmet sich der Pflege von Flora und Fauna und regelt den Besucherandrang. Die Territorien dienen nicht nur dem Artenschutz. Sie ermöglichen in den USA fast 300 Mio. Besuchern im Jahr, sich das Wunder Natur und die Erdentwicklung aus der Nähe anzuschauen. Immer mehr Flächen wurden als *National Forest,* also als hegenswertes Waldareal, eingestuft oder als *National Preserve* (z. B. Big Cypress), *National Wildlife Refuge* (z. B. Merritt Island) und *National Seashore* (z. B. Cape Canaveral) ausgewiesen und damit der privaten Nutzung entzogen. Florida unterhält darüber hinaus ein großes Netz an *State Parks.* Die meisten sind öffentliche Erholungs-, nicht Naturschutzgebiete.

Politik und Gesetze

Typisch für die Südstaaten mit ihrer Tradition von Plantagen und schwarzen Sklaven ist, dass sich die weiße Mehrheit jahrzehntelang gegen die Aufhebung der Rassentrennung wehrte. Die setzte die Washingtoner Regierung erst in den 1960er-Jahren durch. Bis dahin durften Schwarze in Bussen nur hinten sitzen, gingen auf separate öffentliche Toiletten und waren in zahlreichen Schulen und Restaurants nicht zugelassen.

Die föderative Ordnung der USA garantiert den 50 Bundesstaaten große Gestaltungsspielräume, besonders im Erziehungswesen – trotz enormen Steueraufkommens liegt Florida bei der Ausstattung der Schulen am Ende der inneramerikanischen Skala – und im Strafrecht. Im Sunshine State wird beispielsweise die Todesstrafe vollstreckt.

Mit einem Teil der Gesetzgebung werden auch Reisende konfrontiert. In Florida ist man erst mit 21 Jahren volljährig. Wer jünger aussieht, sollte stets seinen Reisepass mit sich führen – und damit rechnen, beim Besuch von Nachtclubs nach einer *visual ID* gefragt zu werden.

Strände

Florida bietet rund 3000 km Strand und im Süden die Möglichkeit, das ganze Jahr über im wohltemperierten Ozean zu schwimmen. An der Küste des Panhandle ist das Meer am ruhigsten und der Sand am schönsten. Denn weil er zu 99 Prozent aus über Jahrmillionen hinweg poliertem und gebleichtem Quarzkristall besteht, gilt er weithin als der weißeste der Welt. Je weiter man am Golf von Mexiko nach Süden kommt, desto rauer wird es. Den stärksten Seegang und damit gute Möglichkeiten zum Surfen finden Sie am Atlantik.

Vergnügungsparks

Der Besuchermagnet *Walt Disney World* bei Orlando hat dafür gesorgt, dass in Florida Vergnügungsparks zu einer Kulturform herangewachsen sind. Die Amüsierbetriebe machen von der Grundidee her Anleihen beim guten alten Rummelplatz, verkleiden jedoch die Karussells, Achterbahnen und Geisterbahnen mit immer neuen Kostümen. So genannte *Theme Parks,* die erfolgreiche Filme und den Starkult der Kinowelt als Aufhänger nehmen, führen die Idee weiter. Inzwischen leben sogar Menschen in ihren Wohnungen in der Disneywelt. In *Celebration* bauten die besten Architekten der USA fünf Minuten vom *Magic Kingdom* entfernt eine Traumstadt aus der Retorte: für 20 000 Bewohner – und für Besucher, die sich am Hauptknotenpunkt Front Street und Main Street die perfekte Welt ansehen wollen *(Eintritt und Parken frei).*

Exotisch und frisch

Früchte und Fisch sind die Höhepunkte der abwechslungsreichen Küche Floridas

Floridas Natur liefert den Gaumenkitzel frei Haus. Ein Angebot, das immer mehr Köche inspiriert, aus den unterschiedlichsten Rezepttraditionen Neues zu kreieren. Sie nutzen vor allem den Fischreichtum des Landes sowie die Früchte und das Fleischangebot der Rinderfarmen. Die alten Unterschiede in den Regionen verschwimmen allmählich, doch es gibt sie immer noch. Im Norden lebt die Küche der Südstaaten mit ihren frittierten Gerichten *(deep fried),* oft scharf und *blackened* (in dunklen Gewürzen gewälzt). *Fried chicken* (Hühnchen) und *fried shrimp* treiben den Cholesterinspiegel in die Höhe. Kartoffeln kommen als *hush puppies* zum Einsatz: durch ein Sieb passiert und dann in heißem Fett gebacken. Zu den regionalen Spezialitäten, vor allem im Panhandle, gehören *crawfish* (Süßwasserkrebse) und *crab cakes* aus frischem Louisiana-Krebsfleisch, scharf gewürzt in bester kreolischer Tradition. *Okra,* eine der Hauptbestandteile des Eintopfs *gumbo,* bereichert die Gemüsepalette. Die Spezialität zum Frühstück sind *grits,* ein Brei aus Maisgrieß, der mitunter auch die Kartoffeln ersetzt. Im Süden dominieren Gegrilltes und Früchte sowie unerschöpfliche Variationen von Gazpacho. Kreative Köche verfeinern sie mit Hummer und Avocado. *Salsa,* die mexikanische Sauce aus Tomaten, Tropenfrüchten oder auch Grapefruit, wird angereichert mit *cilantro* (Koriandergrün), Zwiebeln und roten Pfefferschoten. Grüne Mango und Papaya kommen als erfrischende Beilagen auf den Tisch, frischer Ingwer, Kokosnuss und Zitronengras sind aus der Floridaküche nicht mehr wegzudenken.

Tropische Früchte, eine Freude für die Augen und den Gaumen – und so gesund!

Zwar schmeckt frisch gepresster Orangensaft nirgendwo anregender als in Florida, doch die Stars unter den hiesigen Südfrüchten sind die kleinen, tiefgrünen Limetten, die auf den Florida Keys wachsen. Ihr Aroma ist angenehm intensiv. Den besten Key-Limesaft in Flaschen finden Sie sowohl bei *Key-Lime-Products (MM 106* und *95, Key Largo, Tel. 305/853-03 78)* als auch in Key West, wo *Nellie & Joe's Key Lime Juice* in Supermärkten zu haben ist.

In Landstrichen mit kubanischen und südamerikanischen Einwanderern werden Ihnen *tapas,* gemischte Vorspeisen, meist an der Bar serviert. In der Pfanne gebrutzelte *fajitas* sind scharf gewürzte, mit Zwiebeln und Paprikaschoten versetzte Streifen aus Rind *(beef)*

Spezialitäten aus Florida

Lassen Sie sich diese Köstlichkeiten gut schmecken!

Angus – die Filets, Tenderloin- und Ribeye-Steaks der schwarzen Angus-Rinder, die in Zentralflorida auf der Weide stehen, sind besonders geschmackvoll

Caesar's Salad – Römersalat mit Dressing aus Eigelb, Essig, Worcestersauce und Knoblauch

Conch – das Fleisch dieser Muschelart ist zäh, genießbar allenfalls als *Conch Chowder* (gebundene Suppe) oder *Conch Fritters* (frittierte Streifen)

Escabeche – Häppchen aus rohem, mariniertem Seafood, meist Shrimps oder Tarponfisch

Flan – süßer Vanillepudding

Grouper – Seebarsch mit festem, weißem Fleisch, oft fangfrisch als *catch of the day* serviert

Key Lime Pie – gebackenes Dessert aus Eierschaum mit dem besonders aromatischen Saft der Key-Limetten

Lobster – Floridas Hummer erhalten Sie in allen Variationen

Mullet – Seebarbe, die am besten schmeckt, wenn sie im Ofen gebacken wird

Oysters – die Florida-Austern gelten als Delikatesse

Palomilla – dünnes, kubanisches Steak mit Reis und schwarzen Bohnen als Beilage

Pork Loin – Schweinerücken, der vor allen Dingen in der kubanischen und mexikanischen Küche geschätzt wird

Red Snapper – der Geschmack des Schnappbarsches bleibt am besten erhalten, wenn er im Ganzen, möglichst in einer Salzkruste, zubereitet wird

Scallops – Jakobsmuscheln gibt es meist *pan seared* (kurz sautiert)

Shrimps – Garnelen. Die besten stammen aus dem Golf von Mexiko

Slaw – Salat aus gehacktem Kohl *(cole slaw)*, gemischten Gemüsen oder auch Mangos, in Restaurants die beliebteste Beilage zu Fisch

Stone Crab – dieser nur zwischen November und April frisch gefangene Steinkrebs, eine Flusskrebsart, kommt traditionell mit Senfsauce auf den Tisch

Tuna – frischer Thunfisch, seine Liebhaber genießen ihn roh (Carpaccio, Sashimi) oder leicht angebraten *(seared)*

oder Hühnerfleisch *(chicken). Sopa de frijoles negros* heißt die populäre Suppe aus schwarzen Bohnen, *arroz con camaronez* ist weißer Reis mit Shrimps, *arroz con pollo* Safranreis mit Hühnchen und *piccadillo* ein pikanter falscher Hase mit Oliven und Rosinen. Das *Cuban sandwich* mit Bergen von Schweinefleisch, Schinken und Käse stillt selbst großen Hunger. Auch der zur Zeit populärste Drink, *mojito* (weißer Rum und Limettensirup mit zerstoßenen Pfefferminzblättern) ist ein Import aus Kuba.

Beim Fisch sollten Sie sich stets vergewissern, dass er frisch ist *(catch of the day)*. Zu den Spezialitäten aus dem Meer gehören hier *grouper* (am besten sautiert), *shrimp, mullet* (gut: geräuchert), die lokale Krebsart *stone crab* sowie Muschelgerichte.

Wer Exotisches bevorzugt, probiert Alligatorsteaks. Sie werden staunen, das Fleisch schmeckt nach Rind. Steaks (wie auch Thunfisch) können Sie *rare* (blutig), *medium rare, medium* oder *well done* (durchgebraten) bestellen.

Drinks sind *frozen* (im Mixer mit Eis püriert, z. B. Margarita oder Daiquiri), *on the rocks* (mit Eis) oder auch *straight up* (ohne Eis, z. B. Martini Cocktail) oder *neat* (ebenfalls ohne Eis, z. B. Bourbon) zu bekommen. Offener Wein wird *wine by the glass* serviert.

Generell gelten strenge Alkoholgesetze. Supermärkte und staatliche *liquor shops* geben ihre Ware nur an Kunden über 21 Jahre ab und fragen im Zweifelsfall nach dem Ausweis. Ansonsten ist bei Alkoholkonsum auf der Straße, am Steuer und in allen State Parks mit erheblichen Geldbußen zu rechnen.

Zum Frühstück geht man in den *coffeeshop,* wo es natürlich (dünnen) Kaffee gibt. Der wird *bottomless* serviert: Zum Preis einer Tasse wird so oft nachgeschenkt, wie Sie es möchten. Dazu gibt es Eier *(scrambled* = Rührei, *sunny side up* = Spiegelei, *over-easy* = überbackenes Spiegelei, *poached* = pochiertes Ei) sowie Schinken oder Speck, Bratkartoffeln und die Südstaatenspezialität Maisgrieß *(grits)*.

In besseren Restaurants können Sie aus einer Mittagskarte *(lunch menu)* Sandwiches und Suppen auswählen. Die Preise liegen wesentlich unter denen des *dinner menu.* »Restaurant« nennt sich bereits, was nach europäischen Maßstäben nur eine Imbissstube wäre. Restaurants, die diesen Namen wirklich verdienen, verfügen über eine Institution, auf die Sie sich einstellen müssen: einen *maître d'hôtel,* der Sie begrüßt und Ihnen einen Tisch zuweist.

Dinner wird in ländlichen Gegenden häufig schon ab 17 oder 17.30 Uhr und oft nur bis 21 Uhr serviert. Die Bedienung bekommt ein Trinkgeld *(tip),* das mehr ist als bloße Anerkennung für freundlichen Service – es ist ihr Lohn. Der Betrag (Minimum 15 Prozent) kommt zu den in der Speisekarte ausgedruckten Preisen ebenso dazu wie die Konsumsteuer von 6 Prozent. In Touristenhochburgen wie Miami Beach sind manche Restaurants dazu übergegangen, die 15 Prozent Bedienungsgeld mit auf die Rechnung zu setzen. Der Grund: Hier verkehren zu viele Reisende aus Europa, die mit den ortsüblichen Gepflogenheiten nicht vertraut sind und versäumen, einen angemessenen Aufschlag zu bezahlen.

Echte Kunst und schriller Kitsch

Shopping in den Luxusläden von Palm Beach, bunte T-Shirts aus Orlando

Auch wenn niemand nur zum Einkaufen nach Florida fährt – lohnend ist es allemal. Der Kontrast zwischen dem altertümlichen Ambiente in der St. George Street in Old St. Augustine, wo die Straßenmusikanten spielen, den Luxusläden der Worth Avenue in Palm Beach und den Souvenirgeschäften der Indianer in den Everglades mit den farbenprächtigen Hemden und den perlenbestickten Wildlederschuhen des Miccosukee-Stamms könnte nicht größer sein.

Zur Attraktion haben sich *Outlet Malls* entwickelt: Hier gibt es Markenartikel zu verbilligten Preisen. Zu den größten gehören *Belz Factory Outlet World* nahe Orlando mit 170 Shops, *Prime Outlets at Ellenton* zwischen Tampa und Sarasota mit 135 Läden, *Sawgrass Mills* westlich von Fort Lauderdale mit 300 Geschäften und das *St. Augustine Outlet Center* nördlich von Daytona mit »nur« 95 Läden. Gefragte Marken sind Donna Karan, Calvin Klein und Ralph Lauren. Bei den Schuhherstellern liegen Nike und Reebok ganz vorn. Der Favorit unter den Herrenausstattern ist Brooks Brothersund. Bei Kinderkleidung gehört OshKosh B'Gosh zu den begehrten Labels. Schnäppchen finden erfahrene Shopper auch in Discount Stores wie *Syms* (z. B. die Marke Burberry) sowie in der trendbewussten Supermarktkette *Target* und den *Old Navy* Stores. Der Ableger der Gap-Geschäfte bietet Preiswertes für Beach und Freizeit.

Nicht nur die großen Malls verführen zum Shopping

Denken Sie daran: Auf alle ausgezeichneten Preise werden mindestens 7 Prozent Umsatzsteuer erhoben *(sales tax)*. Zusätzlich kann auf Hotelzimmer und Mahlzeiten eine *tourist development tax* berechnet werden. Üblich ist es, mit Kreditkarten zu zahlen. Nur auf Flohmärkten und bei Straßenhändlern sollten Sie bar oder mit Reiseschecks bezahlen.

Die meisten Geschäfte sind von 10 bis 18 Uhr geöffnet, auch samstags. So genannte *convenience stores* wie 7-11 und Circle K verkaufen für Autofahrer Getränke, Snacks, Zeitungen und Filme, mancherorts rund um die Uhr.

In vielen Restaurants und *Visitor Centers* liegen Kupons für verbilligten Einkauf, für Filmentwicklung, Restaurantbesuche und Eintrittspreise aus.

Feste, Events und mehr

Spaß haben ist das Motto in Florida, und zwar so oft es geht

Feiertage

An den folgenden Tagen sind Behörden, Postämter, Schulen, Banken und Büros geschlossen:

Wasserski einmal anders

1. Januar: New Year's Day; **Letzter Montag im Mai:** *Memorial Day* (Gedenktag der Toten und Kriegsopfer); **4. Juli:** *Independence Day* (Unabhängigkeitstag); **Erster Montag im September:** *Labor Day* (Tag der Arbeit); **Vierter Donnerstag im November:** *Thanksgiving* (Erntedankfest); **25. Dezember:** *Christmas Day*

An den folgenden Tagen sind zwar die Behörden und Banken geschlossen, die meisten Büros aber geöffnet, und viele Geschäfte in größeren Städten veranstalten besondere Verkaufsaktionen: **Dritter Montag im Januar:** *Martin Luther King Jr. Day;* **12. Februar:** *Abraham Lincoln's Birthday*; **Dritter Montag im Februar:** *President's Day*; **Faschingsdienstag** (in der Panhandle-Region): *Mardi Gras;* **Karfreitag; Zweiter Montag im Oktober:** *Columbus Day*; **Erster Dienstag im November:** *Election Day* (Wahltag); **11. November:** *Veterans' Day*

Feste und Veranstaltungen

Auskunft über regionale Veranstaltungen erhalten Sie zudem in den örtlichen Informationsbüros.

Januar

Miami, *Orange Bowl:* traditionelles College-Footballendspiel mit großer Parade

Miami Beach, *Art Déco Weekend:* Bands und Straßenkünstler treten auf, Verkaufsstände säumen die Straßen des Art Déco District

Februar
Miami, *Miami Film Festival* im Gusman Theatre
Miami Beach, *Miami International Boat Show/Strictly Sail:* mit über 1700 Ausstellern die größte Maritimmesse der Welt
Daytona, *Daytona 500:* Höhepunkt der Rennsaison im Daytona International Speedway

März
Insider Tipp Miami, *Calle Ocho Festival:* ausgelassener Tanz in den Straßen von Little Havana
Panama City Beach, *Spring Break:* viel Wirbel beim alljährlichen Studententreffen

April
Sarasota, *Siesta Fiesta:* Essen, Musik und Handwerk auf Siesta Key am Golf von Mexiko
Cedar Key, *Sidewalk Art Festival:* 200 Künstler stellen aus

Mai
West Palm Beach, *Sunfest:* fünf Tage lang Jazzkonzerte am Strand mit Kunstausstellungen

Juli
Big Pine Key, *Underwater Music Festival:* Taucher hören eine Symphonie – unter Wasser
Key West, *Hemingway Days:* Eine Woche lang werden das Leben und das Werk des Literaten Ernest Hemingway gefeiert

September
Orlando, *Oktoberfest:* bayerische Gemütlichkeit auf Amerikanisch

Oktober
Insider Tipp Key West, *Fantasyfest:* Die Geisternacht *Halloween* wird Ende Oktober mit einer Woche voll ausgelassener Partys gefeiert

November
Apalachicola, *Florida Seafood Festival:* Austern und Parade – Karnevalsstimmung im Panhandle

Dezember
Walt Disney World, *Christmas with Mickey:* mit den Zeichentrickhelden unterm Weihnachtsbaum
Fort Lauderdale, *Winterfest Boat Parade* auf dem Intracoastal Waterway

Spring Break – die tollste Party

Quirliges Leben am Atlantik

Die exotischste Großstadt der USA steckt voll fröhlicher Betriebsamkeit

Karte in der hinteren Umschlagklappe

[127 E3] Vorne Strand, hinten Wildnis, von oben Sonne und mittendrin das quirlige Leben – das ist Miami, das Drehkreuz eines ganzen Kontinents. Eine Stadt, in der der englischsprachige Norden den spanischsprachigen Süden trifft.

Miami ist ein Phänomen. Gegründet vor etwas mehr als 100 Jahren, hat sich der Ort rasant vom kleinen Fischerdorf zum internationalen Bankenzentrum und Flüchtlingsziel entwickelt und dabei alle zwanzig Jahre sein Gesicht verändert. Vielleicht wäre es ohne den Bau der Eisenbahn im Jahr 1896 nie so weit gekommen, doch mit der *East Coast Railroad* und einem Luxushotel begann der Aufstieg in die Stratosphäre des Reichtums.

Miamis Vergangenheit scheint von einem Durchlauferhitzer geprägt, Miamis Gegenwart eher von einem Mikroprozessor. Denn so wie ein Computerchip verarbeitet und verteilt die Stadt Geld, Informationen, Energie, Transportgüter, Träume, Einwanderer. Die wichtigen Schaltkreise sind der Airport,

Architektur voll Witz und Phantasie

Sonnenschein macht gute Laune

der Hafen mit den weißen Kreuzfahrtschiffen sowie die Dynamik und der Optimismus von 2 Mio. Menschen. Die exotischste Großstadt der USA sieht aus wie ein Flickenteppich. Kubaner, die vor Fidel Castros Revolution flohen, machen mit den Einwanderern aus El Salvador, Nicaragua und Kolumbien weit über 50 Prozent der Bevölkerung aus. Mit ihnen hat sich Spanisch inoffiziell als zweite Landessprache eingebürgert und der Stadt, die lange Jahre als Fluchtpunkt für das Heer pensionierter Amerikaner aus dem Norden fungierte, einen ganz neuen Stempel aufgedrückt.

Miamis Mischarchitektur bezieht ihre Anleihen eher von einem mediterranen Stil, der sich in den wohlhabenden Vierteln wie *Coral*

Skyline und Hafen von Miami in der Dämmerung

Gables, Coconut Grove und *South Beach* gehalten hat. Berühmt ist die Metropole jedoch wegen ihrer Art-déco-Häuser auf der vorgelagerten Insel *Miami Beach,* dem alten und neuen Anziehungspunkt der Touristen. Die farbenfrohe und formbewusste Moderne der 1920er- und 30er-Jahre wäre beinahe verfallen. Heute strahlt sie renoviert in Pink und Weiß und lockt besonders Europäer an die Flanierstraßen entlang des – für 64 Mio. $ aufgefrischten – 100 m breiten Strands.

Mit ultramodernen Bauten hat sich Miami neue Denkmäler gesetzt, darunter das *Nations Bank Building (1st St.)* und das *Atlantis* mit seinem quadratischen Einschnitt in halber Höhe mit Palmen und Jacuzzi *(2025 Brickell Ave.).* Zusammen mit der *American Airlines Arena* krönen diese Gebäude das Bankenviertel – vielleicht die attraktivste Hochhauszeile des amerikanischen Südens.

Lebendigkeit entfaltet sich aber eher dort, wo die niedrigen Häuser stehen. In *Little Havana,* zwischen *Downtown* und *SW 35th Ave.,* blieben die Ursprünge kubanischer Lebensart in den Restaurants entlang der *Calle Ocho (SW 8th St.)* und im *Domino Park,* einem Treffpunkt an der *Ecke SW 8th St.* und *SW 15th Ave.,* erhalten. An der *SW 8th St.* haben sich kleine Zigarrenmanufakturen (darunter *El Credito, 1106 SW 8th St.)* etabliert. Ein Kontrastprogramm spielt sich in der anderen großen Enklave ab: in *Little Haiti,* wo sich die Häuser in den dominierenden Farben der Karibik, in Blau, Rot und Gelb, präsentieren. Hauptverkehrsader der kreolischen Einwanderer ist die *NE 2nd Ave.*

SEHENSWERTES

Das amerikanische System, Straßen durchzunummerieren, verlangt ein bisschen Gewöhnung, erleichtert aber die Orientierung. Miamis Straßennetz ist in vier Quadranten aufgeteilt, die an der Kreuzung Flagler St. und Miami Ave. aufeinanderstoßen. *Streets* (stets in West-Ost-Richtung) und *Avenues* (stets in Nord-Süd-Richtung) sind den Quadranten *North West*, *North East*, *South West* und *South East* zugeordnet. Die *Street-* und *Avenue-*Nummern steigen zur Peripherie hin an. Praktisches öffentliches Verkehrsmittel ist der *Metromover*, eine kostenlose Monorail-Ringbahn, die Downtown umrundet und einen schönen Blick auf die ★ *Miami Skyline* gewährt *(21 Haltestellen, rund um die Uhr alle 3–5 Minuten)*.

Art Déco District

★ Liebhaber des Dekors und der Farben der 1920er- und 30er-Jahre können sich in Miami Beach in die Vergangenheit zurückversetzen. Dass das Viertel mit seinen 800 Gebäuden stehen blieb, hat die streitbare Barbara Capitman erreicht, die berühmt wurde, als sie sich vor die Abriss-Bulldozer setzte. Die Häuser leuchten in tropischen Pastelltönen. Die Ornamentik wurde der Architektur der Azteken, Babylonier, Ägypter und Mayas entlehnt. Rundgänge starten am *Art Déco District Welcome Center (Mi 10.30, Do 18.30, Fr 10.30, Sa/So 10.30 Uhr, Preis 20 $)*. Hier auch Informationen für Touren in eigener Regie *(tgl. 10–16 Uhr, 1001 Ocean Dr., Miami Beach, Tel. 305/531-34 84, www.mdpl.org)*.

Bayside Marketplace

Yachthafen mit Boutiquen- und Restaurantkomplex. Hier finden Sie auch Miamis *Hard Rock Cafe*. Neben Ausflugsbooten legen auch Partyboote wie die *Celebration* ab. *Mo–Do 10–22, Fr/Sa 10–23, So 10–23 Uhr, 401 Biscayne Blvd., Downtown Miami, www.baysidemarketplace.com*

MARCO POLO Highlights »Miami«

★ **Miami Skyline**
Imposante Stadtsilhouette – vom Metromover aus haben Sie besonders nachts den besten Blick darauf (Seite 29)

★ **Art Déco District**
Pastellarchitektur im Trendviertel (Seite 29)

★ **Vizcaya Museum and Gardens**
Industriellenvilla, gebaut wie ein italienischer Renaissancepalast (Seite 31)

★ **News Café**
Illustrer Aussichts- und Treffpunkt an der Strandpromenade (Seite 32)

★ **Lincoln Road Mall**
Shopping- und Fressstraße im Herzen von Miami Beach (Seite 33)

★ **Miami Beach**
Strandschauplatz der schönen Körper – mit dem noblen South Beach als kulturelles Epizentrum (Seite 36)

Über 1000 Vogelarten: Parrot Jungle and Gardens

Coconut Grove

Auf dem Bayshore Drive gelangen Sie von Downtown aus nach Coconut Grove. Der Stadtteil im Süden Miamis konzentriert sich rund um den Kreuzungsbereich von Grand Avenue McFarlane Road und ist mit seinen vielen Bars und Straßenrestaurants ein beliebtes Ziel für *people watcher.* Seine liberale Atmosphäre hat sich der Ort seit den legendären Konzerten der Doors Ende der 1960er-Jahre bewahrt: In der schönen Einkaufszone *Coco Walk (zwischen Virginia und Main St.),* vor allem aber in der eleganten *Mall Streets of Mayfair (Grand Ave., Ecke MacFarlane Rd.)* tummeln sich Menschen aus aller Herren Länder und aller geschlechtlichen Ausrichtungen.

Coral Gables

Der für so manche vornehmste Stadtteil Miamis entstand Anfang der 1920er-Jahre südlich von Little Havanna. Prachtboulevards, schattige Alleen mit mediterranen Villen und makellos manikürte Rasenflächen: Die *Miracle Mile,* die elegante Einkaufsstraße zwischen Douglas Rd. und Le Jeune Rd., ist das Aushängeschild dieses vornehmen Stadtviertels. Sehenswert ist hier vor allem das innen mit kühlendem Marmor ausgelegte *Colonnade Building (180 Aragon Ave.)* und das Elternhaus des visionären Erbauers von Coral Gables, George Merrick, das *Merrick House.* Es erzählt Schlüsselepisoden aus Mericks Leben und gibt Einblicke in den harten Siedleralltag um 1900 *(Mi, So 13–16 Uhr, Eintritt 5 $, 907 Coral Way).*

Fairchild Tropical Garden

Hier gedeihen mehr als 5000 verschiedene Pflanzen, darunter Orchideen aus der ganzen Welt. *Tgl. 9.30–16.30 Uhr, Eintritt 15 $, 10901 Old Cutler Rd., Coral Gables, www.fairchildgarden.org*

Metro-Dade Cultural Center

Ein Neubau, der Mittelmeerstil und Postmoderne architektonisch vereint. Im Innern befinden sich die *Public Library* und das *Historical Museum of Southern Florida,* das die Entwicklung des Landes seit der Frühgeschichte darstellt *(Mo–Sa 10–17, So 12–17, jeder dritte Do bis 21 Uhr, Eintritt 5 $, 101 W Flagler St., Downtown Miami, www.historical-museum.org).*

Im selben Komplex: das *Miami Art Museum,* eine Kunsthalle mit wechselnden Ausstellungen *(Di–Fr 10–17, Sa/So 12–17, jeder dritte Do bis 21 Uhr, Eintritt 5 $, www.miamiartmuseum.org).*

Insider Tipp

Miami Seaquarium

Hier werden die geschützten Seekühe gezüchtet, sind Killerwale, Haie, Alligatoren, Delphine und Seelöwen in ihrem Element. Ein riesiges Korallenriffaquarium komplettiert das Programm. *Tgl. 9.30 bis 18 Uhr, Eintritt 25,95 $, 4400 Rickenbacker Causeway, Virginia Key, www.miamiseaquarium.com*

Parrot Jungle and Gardens

Exotische Vögel und Papageienshow in einer Gartenanlage. *Tgl. 10–18 Uhr, Eintritt 24,95 $, 1111 Parrot Jungle Trail, South Miami, www.parrotjungle.com*

Insider Tipp

Venetian Pool

Ein venezianisch inspiriertes Schwimmbad, das in den 1920er-Jahren aus einem Korallensteinbruch entstand. *Wetterabhängige Zeiten, Nov.–März Di–So 10–16.30, sonst 11–17.30 Uhr, Eintritt 6,25 $, im Sommer 9,50 $, 2701 De Soto Blvd., Coral Gables, Tel. 305/460-53 06, www.venetianpool.com*

MUSEEN

Bass Museum of Art

An dieser Sammlung, Teil des neuen *Miami Beach Cultural Park,* bestechen vor allem die wechselnden Ausstellungen mit Gegenwartskunst und -architektur. *Di–Sa 10 bis 17, Do 10–21, So 11–17 Uhr, Eintritt 6 $, 2121 Park Ave., Miami Beach, www.bassmuseum.org*

Insider Tipp

Miami Museum of Science and Space Transit Planetarium

Per Knopfdruck lassen sich viele Geheimnisse der Naturwissenschaften nacherleben. Computer präsentieren virtuelle Welten. Im *Wildlife Center* gibt es Raubvögel und Reptilien. Dazu: Lasershows. *Tgl. 10 bis 18 Uhr, Eintritt 10 $, 3280 S Miami Ave., Coconut Grove, www.miamisci.org*

Vizcaya Museum and Gardens

★ Die der italienischen Renaissance nachempfundene Villa war Winterdomizil des Industriellen James Deering. Mit Antiquitäten aus dem 15. bis 19. Jh. sind die 34 Zimmer möbliert, und der weitläufige Park repräsentiert altehrwürdigen Pomp. *Tgl. 9.30–16.30 Uhr, Eintritt 12 $, 3251 S Miami Ave., Coconut Grove, www.vizcayamuseum.org*

The Wolfsonian/FIU

Insider Tipp

Die Sammlung des Miami-Bürgers Mitchell Wolfson Jr. umfasst Dekoratives aus den Jahren 1885 bis 1945. *Mo/Di, Sa/So 12–18, Do/Fr 12–21 Uhr, Eintritt 5 $, 1001 Washington Ave., South Beach, www.wolfsonian.fiu.edu/*

ESSEN & TRINKEN

Auswärts speisen ist in Miami mehr als nur Nahrungsaufnahme. Mit kubanischen, karibischen und asiatischen Spezialitäten und exotischen Cocktails können Sie zugleich die schwül-warme Luft und pastellfarbene Sonnenuntergänge genießen.

Astor Place Bar & Grill

New-World-Küche: eine gelungene Mischung aus asiatischer und Mittelmeerküche. Lebhafter Treff-

Here comes the sun

Das Klima meint es gut mit Miami

Winter und Fröste sind in Südflorida unbekannte Größen. Den Wechsel der Jahreszeiten liest man nicht am Thermometer oder am Blattkleid der Pflanzen ab, sondern am Schimmer der Luft. In der schwül-heißen Zeit von Mai bis Oktober wird die Atmosphäre bleich vor aufgesogener Feuchtigkeit. Aber in den trockenen, klaren Monaten zwischen Dezember und April badet Miami in einem Licht, das so golden scheint wie die Sommer in Südfrankreich – mit am Horizont glühenden Sonnenuntergängen.

punkt ist die Poolbar. *956 Washington Ave., Miami Beach, Tel. 305/672-72 17,* €€

B.E.D.
Französisch inspirierte Fusion Cuisine. Der Kick: Sie liegen zu Tisch, in weichen Betten! *929 Washington Ave., Miami Beach, Tel. 305/532-9070,* €€€

Blue Door
Im Trendhotel *Delano* wird Kreatives wie Ravioli mit Krebsfarce aufgetischt. *1685 Collins Ave., Miami Beach, Tel. 305/674-64 00,* €–€€

Monty's Stone Crab
Seafoodlokal mit einem guten Preis-Leistungs-Verhältnis. *Stone crabs* nur in der Saison (Okt.–Mai) essen! *300 Alton Rd., Miami Beach, Tel. 305/673 34 44,* €–€€

Nemo
Fischrestaurant, dessen Bar munterer Singletreffpunkt ist. Tipp: die Insider Tipp Hocker in Küchennähe, wo Sie dem talentierten Chef Michael Schwartz auf die Finger sehen können. *100 Collins Ave., Miami Beach, Tel. 305/532-45 50, www.nemorestaurant.com,* €€

News Café
★ Hier treffen sich Miamis Junge und Schöne zum Frühstück (bis zum frühen Abend) und zu Champagner (bis zum frühen Morgen). Rund um die Uhr geöffnet. *800 Ocean Dr., Miami Beach, Tel. 305/538-63 97, www.newscafe.com,* €€

Pacific Time Insider Tipp
US-Küche, die wegen ihrer phantasievollen, überraschenden Kreationen zum exotischen Erlebnistrip wird. Gut: Hühnersalat mit Miso-Aroma und Peking-Pfannkuchen des Tages, oft mit Hummer gefüllt. *915 Lincoln Rd., Miami Beach, Tel. 305/534-59 79, www.pacifictime.biz,* €€

The Rusty Pelican
Für den Ausflug nach Key Biscayne zum Seaquarium: verlässlich gute Fischgerichte mit schönem Blick auf Miami. *3201 Rickenbacker Causeway, Key Biscayne, Tel. 305/361-38 18,* €€

Samba Room
Latinococktails und südamerikanische Küche zu passenden Rhythmen, gut: die Yucca-Fritten. Bis 2 Uhr morgens geöffnet. *1501 Collins Ave., Miami Beach, Tel. 305/672-62 23, €€*

Tap Tap
Haitianische Küche inmitten knallbunter Werke karibischer Künstler. *1065 Washington Ave., Miami Beach, Tel. 305/672-28 98, €*

The Versailles
Ein viel gepriesener Kubaner an der *Calle Ocho* mit sehr guten Sandwiches und zahlreichen traditionellen Gerichten. *3555 SW 8th St., Little Havanna, Tel. 305/445-76 14, €*

The Wish
Brasilianisch-asiatische Kreationen im neuen *The Hotel*, das Modeschöpfer Todd Oldham eingerichtet hat. Am besten sitzen Sie im schönen Garten. *801 Collins Ave., Miami Beach, Tel. 305/674-94 74, €€€*

EINKAUFEN

Bal Harbour Shops
Miamis beste Adresse für internationale Edelausstatter wie etwa Gucci, Cartier, Tod's, Brooks Brothers oder Louis Vuitton. *9700 Collins Ave., Bal Harbour, www.balharbourshops.com*

Insider Tipp **Coco Walk**
Shoppingmall im Mittelmeerstil mit zahlreichen Restaurants, Cafés, Kinos und Clubs, die auch am Abend für Leben sorgen. *3015 Grand Ave., Coconut Grove*

Dolphin Mall
Eine der größten Shoppingmalls des Landes, auch mit Nachtclubs und Kinos. *7 km westlich vom Flughafen, Route 836 und Florida Turnpike, www.shopdolphinmall.com*

Española Way
Shoppingarkaden aus den 1920er-Jahren in einer Gasse, in der früher mal die Freudenhäuser von Miami Beach zu finden waren.

Lincoln Road Mall
★ Sieben Blocks lange Fußgängerstraße zwischen *Washington Ave.* und *Washington Rd.* in South Beach mit Modeläden und Galerien sowie zahlreichen Restaurants und Bars. Straßenmusik, *Farmers' Market* und Antikmarkt (jeden zweiten Sonntag im Winter). Insider Tipp Das starke Aroma von Café Cubano gibts im *Lincoln Road Café (Nr. 943)*, die Studios von Künstlern finden sich im *Art Center/South Florida (Nr. 800, 810 und 924)*.

ÜBERNACHTEN

Auf Grund der hohen Zahl von Geschäftsreisenden und Urlaubern gibt es in Miami eine große Auswahl von Hotels. Sie reicht von preiswerten Unterkünften bis hin zu Grandhotels. Spezialisierte Agenturen wie *Florida Sunbreak (828 Washington Ave., Miami Beach, Tel. 305/532-15 16, Fax 532-05 64, www.floridasunbreak.com)* vermieten Wohnungen und Apartments. Die Preise schwanken je nach Saison und sind zwischen Januar und April am höchsten. Wenn Sie Miami aus der Perspektive des Strandurlaubs kennen lernen wollen, sollten Sie sich in Miami Beach einquartieren. Die kleineren Art-déco-Häuser in Miami Beach sparen an Zimmerservice und Swimmingpools und haben oft keine Restaurants. Wer lärmempfindlich ist, sollte darauf achten, dass kein Restaurant, keine Bar und kein Nachtclub im Haus liegen.

Wie überall in Florida gilt: In Deutschland arrangierte Pauschalangebote sind, vor allen Dingen in den besseren Häusern, oft wesentlich billiger. Achten Sie bei der spontanen Hotelsuche auf das Insider Tipp Gütesiegel des amerikanischen Automobilclubs *AAA* *(AAA approved)*. Deren Tester stehen im Ruf pingelig zu sein.

Aqua
Cool renoviertes Art-déco-Haus mit kleinem Pool und Sonnendeck. *50 Zi., 1530 Collins Ave., Miami Beach, Tel. 305/538-43 61, Fax 673-81 09, www.aquamiami.com,* €€

Astor
40 ruhige Zimmer und Suiten, edel ausgestattet im Design und erfreulicherweise mit Schallschutzfenstern. Pool. *956 Washington Ave., Miami Beach, Tel. 305/531-80 81, Fax 531-31 93, www.hotelastor.com,* €€

Beachcomber
Sparsamer, sauberer Komfort inmitten von Miami Beach. *29 Zi., 1340 Collins Ave., Tel. 305/531-37 55, Fax 673-86 09, www.beachcomber miami.com,* €€

Beach House Bal Harbor
Gepflegter Ralph-Lauren-Stil mit Landhauscharme direkt am Strand von Bal Harbor. Mit Restaurant *Atlantic. 170 Zi., 9449 Collins Ave., Tel. 305/535-86 00, Fax 535-86 01, www.rubellhotels.com,* €

Best Western on the Bay
Standard, aber Blick aufs Wasser. *122 Zi., 1819 79th St. Causeway, Miami, Tel. 305/865-71 00, Fax 868-34 83, www.bestwestern.com,* €

The Clay Hotel
120 Zimmer und dazu 220 Betten im Jugendherbergsstil (Zimmer mit vier bzw. sechs Betten). *1483 Washington Ave., Miami Beach, Tel. 305/534-29 88, Fax 673-03 46, www.clayhotel.com,* €

The Coronado Hotel
Direkt am Strand in Bal Harbour. Einfach und preiswert. *40 Zi., 9501 Collins Ave., Tel. 305/866-16 25, Fax 861-18 81,* €€

The Creek Hotel Insider Tipp
Renoviert und auf 1950er-Jahre-Look gestylt, ist das Creek Hotel eine der neuesten Adressen am Beach. *80 Zi., 20 Vier- und Sechsbettzimmer für 20 $ pro Bett, 2360 Collins Ave., Miami Beach, Tel. 305/538-1951, www.thecreek southbeach.com,* €€

Delano
208 vom Designer Philippe Starck renovierte Zimmer. Szenebar, Pool, Strandzugang, Fitnessclub. *1685 Collins Ave., Miami Beach, Tel. 305/672-20 00, Fax 674-64 99,* €€€

Dezerland Beach Resort & Spa Hotel
Dieses ehemalige Holiday Inn am Strand ist inzwischen zum Mekka für alle Fans der 1950er-Jahre avanciert. *215 Zi., 8701 Collins*

Direkt am Golfplatz – das Turnberry Isle Golf & Country Club

Ave., Miami Beach, Tel. 305/865-66 61, Fax 866-26 30, €

Insider Tipp

Greenview
Korbmöbel in schönem und gemütlichem Ambiente. *44 Zi., 1671 Washington Ave., Miami Beach, Tel. 305/531-65 88, Fax 531-45 80, www.rubellhotels.com,* €€

Indian Creek
Freundliches Art-déco-Hotel abseits vom Rummel. *61 Zi., 2727 Indian Creek Dr., Miami Beach, Tel. 305/531-27 27, Fax 531-56 51, www.indiancreekhotel.com,* €€

Insider Tipp

The Mermaid Guest House
Charmantes Haus mit tropischem Garten. Abends gibt es hier eine Bar und Musik. *9 Zi., 909 Collins Ave., Miami Beach, Tel. 305/538-53 24, Fax 538-28 22,* €€

Nash
Designerhotel mit dem attraktiven Restaurant *Mark's South Beach,* einer lebhaften Bar und Spa-Bereich. *55 Zi., 1120 Collins Ave., Miami Beach, Tel. 305/674-78 00, Fax 538-82 88, www.hotelnash.com,* €€

St. Augustine
Klein, aber fein: Dieses renovierte Art-déco-Haus verfügt über neueste Technik und ein reich ausgestattetes Mini-Fitnesszentrum mit Dampfbad im Zimmer. Gut gestylte Bar. *24 Zi., 347 Washington Ave., Miami Beach, Tel. 305/532-05 70, Fax 532-84 93, www.hotelstaugustine.com,* €€

Turnberry Isle Golf & Country Club
Exklusives Golfhotel nördlich von Miami Beach. 24 Tennisplätze, Yachthafen, eigener Strand und das Toprestaurant *The Veranda. 340 Zi., 19 999 W Country Club Dr., Aventura, Tel. 305/932-62 00, Fax 933-65 60, www.turnberryisle.com,* €€€

FREIZEIT & SPORT

Fitnessclubs

Sie sind in Miami Beach Sport- und Anmachszene zugleich, etwa *David Barton Gym (im Hotel Delano, 1685 Collins Ave., Tel. 305/ 674-57 57)* oder *Crunch Fitness (1259 Washington Ave., Tel. 305/ 674-82 22).*

Strände

Auf 15 km Länge erstreckt sich in ★ *Miami Beach* der Sandstrand. Er wurde ab 1980 wieder auf seine ursprüngliche Breite gebracht, nachdem er von Hurrikanen fast völlig weggespült worden war.

Junge Leute treffen Sie in *South Beach* zwischen der *6th St.* und der *21st St.,* wo das Sonnenbaden oben ohne – obwohl offiziell verboten – geduldet wird. In diesem Abschnitt tummeln sich auch immer wieder Fotografen und ihre Models. Ruhiger sind der *Surfside Beach* in Surfside, der *Haulover Beach Park* in Bal Harbour (ebenfalls Oben-ohne-Baden möglich) und der schöne Strand des Erholungsgebiets *Bill Baggs Cape Florida State Recreational Area* auf Key Biscayne.

Windsurfen

Die beliebtesten Strände der Windsurfer sind an der *1st St.* und der *21st St.* sowie in *Lummus Park* an der *10th St.* Surfbretter können Sie am Strand mieten.

AM ABEND

Miami gilt heute – neben New York und Los Angeles – als eines der kulturellen Zentren der USA. Das *New World Symphony Orchestra* und das *Miami City Ballet* besitzen internationale Reputation, ebenso die *Greater Miami Opera* und das *Film Festival* im *Gusman Center for the Performing Arts.* Eine Übersicht über das reiche kulturelle Leben gibt die Tageszeitung »Miami Herald« freitags in der »Weekend«-Beilage und sonntags in der »Lively Arts«-Rubrik.

Wenn im Winter die Modefotografen und ihre internationalen Models auf trendbewusste Urlauber aus New York und Europa treffen, wird das Nachtleben zum Hauptprogramm – Amusement und Imagepflege gleichermaßen. Dann wechseln die In-Clubs ihren Namen und ihr Erscheinungsbild oft von einer Nacht auf die andere. Wenn Sie bei so viel rasanter Abwechslung auf dem Laufenden bleiben wollen, blättern Sie im kostenlosen Wochenblatt »New Times« oder im Szenemagazin »Ocean Drive«.

Barhopping in Miami Beach

Gute Anlaufstationen für Barhopper sind in Miami Beach die Theken im *Albion Hotel (1650 James. Ave.),* am Pool vom *Astor Hotel,* im *Clevelander Hotel (1021 Ocean Dr., Happy Hour Mo–Fr 17–19 Uhr Drinks zum halben Preis),* im Restaurant *China Grill,* an der *Rose Bar* am Pool des Designerhotels *Delano* und die *Marlin Bar* im *Marlin Hotel (1200 Collins Ave.),* in dem auch die Modelagentur *Elite* residiert. Insider Tipp

Café Nostalgia at the Forge Insider Tipp

Ableger eines gleichnamigen Clubs an der Calle Ocho mit Sängern und Bands aus Kuba. Man tanzt zu Salsa, Merengue und Disco. *4432 W 41st St., Miami Beach*

Crobar @ the Cameo
Aus einem ehemaligen Art-déco-Kino wurde ein Housetanzpalast. *1445 Washington Ave., Miami Beach*

Gusman Center for the Performing Arts
1925 als Kino gebaut, ist es heute die Heimat der *Florida Philharmonics,* aber auch Veranstaltungsort des im Februar stattfindenden *Miami Film Festival. 174 E Flagler St., Downtown Miami, Tel. 305/374-24 44*

Miami City Ballet
Das international bekannte Ballett tanzt im *Jackie Gleason Theatre of the Performing Arts. 1700 Washington Ave., Miami Beach, Tel. 305/673-73 00*

New World Symphony
Gutes Nachwuchsensemble, das im *Lincoln Theatre* spielt. *541 Lincoln Rd., Miami Beach, Tel. 305/673-33 30*

Living Room at The Strand
Bar mit sehr lebendigem Publikum. *671 Washington Ave., Miami Beach*

Tobacco Road
In einer ehemaligen Destille für Gin zelebriert Miamis älteste Bar den Blues bis zum frühen Morgen. *626 S Miami Ave., Miami Beach*

TOUREN

Biscayne Bay Tour
Zweistündige Rundfahrt in der Biscayne Bay mit dem Schoner *Heritage of Miami II. Preis 20 $, Bayside Marketplace, 401 Biscayne Blvd., Downtown Miami, Tel. 305/442-96 97, www.heritageschooner.com*

Island Queen
Tour durch den Hafen und das wohlhabende Stadtviertel *Millionaires' Row. Preis 15 $, Bayside Marketplace, 401 Biscayne Blvd., Downtown Miami, Tel. 305/379-51 19, www.islandqueencruises.com*

AUSKUNFT

Greater Miami Convention and Visitors Bureau
Mo–Fr 8.30–17 Uhr, 701 Brickell Ave., Suite 2700, Miami Beach, Tel. 305/539-30 00, Fax 530-42 83, www.miamiandbeaches.com

Miami Beach Chamber of Commerce
Mo–Fr 9–18, Sa, So 10–16 Uhr, 1920 Meridian Ave., Miami Beach, Tel. 305/672-12 70, Fax 538-67 00, www.miamibeachchamber.com

ZIEL IN DER UMGEBUNG

Biscayne National Park [127 E4]
95 Prozent des 9000 km² großen Schutzgebiets rund 90 km südlich von Miami liegen unter Wasser. Das Korallenriff in der Nordostverlängerung der Florida Keys ist Lebensraum für exotisch-bunte Fische. Das Wasser ist klar, Sie können hier tauchen und schnorcheln. Den bequemsten Blick auf die faszinierende Unterwasserlandschaft haben Sie von einem Glasbodenboot aus. *Tgl. 8–17.30 Uhr, Biscayne Underwater Parks Tour Boat Office, Visitor Information, Tel. 305/230-10 00, in Homestead links abbiegen Richtung Convoy Point, 3 km östlich von der US 1 an der Route 328*

Inseln mit trägem Flair

Klares Wasser, sandige Strände und das Lebensgefühl der Tropen

Geschichten über Schatzsucher, Schmuggler und versunkene Schiffe, über Ernest Hemingway, Humphrey Bogart und das süße Leben der Boheme haben den Florida Keys ein weltfernes, abenteuerliches Image verschafft. So, als wären diese Inseln, die sich als 180 km lange Kette vom Festland aus bis fast nach Kuba ziehen, stärker miteinander verbunden als nur durch den ★ *Overseas Highway*, der mit 42 Brücken, darunter die 11 km lange *Seven-Mile-Bridge*, die Autofahrt über das offene Meer ermöglicht. Doch in Wirklichkeit sind zahllose der 1000 kleinen Kalkstein- und Mangroveninseln gar nicht bewohnt, und die, auf denen Menschen leben, unterscheiden sich nicht nur durch Form, Pflanzenbewuchs und Tierbestand.

Selbst die 150 000 Insulaner setzen sich aus den verschiedensten Gruppierungen zusammen. Auf der größten Insel, *Key Largo,* leben vor allem Rentner und Pendler, die auf dem Festland arbeiten. In der Mitte – zwischen Islamorada und Marathon – dominieren die Freizeitfischer mit ihren Booten. Die größte Vielfalt an Charakteren finden Sie am äußersten Punkt in Key West. Hier leben die so genannten *Conchs* (sprich: Konks), Alteingesessene, die sich nach einer Muschelart benannt haben, eine große *gay community,* kubanische Flüchtlinge, Künstler und Studenten, die allesamt dem langsamen Tempo des Archipels, dem *key spirit,* huldigen.

Der Overseas Highway – eine Traumstraße durch die Keys

Erschlossen wurden die Inseln wie Palm Beach und Miami 1912 von Eisenbahnkönig Henry Flagler. Um die Verbindung zu bauen, ließ er auf halbem Weg – zwischen Vaca Key und Bahia Honda Key – die *Seven-Mile-Bridge* errichten, die 1982 auf 546 neue Betonpfeiler gestellt wurde. Die Eisenbahn fuhr nicht lange. Ein Hurrikan fegte 1935 einen Großteil der Brücken und Bahnanlagen weg. Beim Neuaufbau diente das Gleisbett als Gerüst für die Verlängerung der US 1, dem *Overseas Highway,* der einzigen Verkehrsverbindung der Keys.

Erst mit dem Auto kamen die kleinen grünen *Mile Marker (MM),* Meilenschilder, die auf den Keys die Hausnummern ersetzen und die genaue Kenntnis der vielen Inselnamen erübrigen. Gerechnet wird von Key West aus, exakt von dort, wo ein bunter Betonpfeiler »den

Die beeindruckende Länge der Brücke war namensgebend: Seven-Mile-Bridge

südlichsten Punkt der Kontinental-USA« markiert.

Wahrzeichen der Keys ist das türkisfarbene, klare Wasser. Unter der Wasseroberfläche jedoch sieht es ernst aus. Die äußerst empfindlichen Korallenriffe werden immer stärker in Mitleidenschaft gezogen: 4 Mio. Besucher pro Jahr hinterlassen ihre Spuren, das Entsorgungsproblem ist trotz strengster Umweltgesetze noch nicht zufrieden stellend gelöst.

ISLAMORADA

[127 D5] Die Spanier gaben Islamorada (1200 Ew.), dem Zentrum der Mittleren Keys, auf *Upper Matecumbe Key* seinen wohlklingenden Namen. Er bedeutet »purpurfarbene Insel« – nach der Tönung der Meeresschnecken. Der Ort ist umgeben von einem tropischen Paradies. Ein interessanter Stopp auf der Fahrt ist Insider Tipp *World Wide Sportsman (MM 81,5)*, ein gigantisches Kaufhaus für Angler und Strandgänger.

Das *Hurricane Monument* am *MM 81,5* erinnert an den schlimmsten Hurrikan, der je über Südflorida hinwegraste. Er brach im September 1935 mit einer Windgeschwindigkeit von 320 km/h über die Insel herein. Dann flog der Windmesser davon.

ESSEN & TRINKEN

Morada Bay Beach Café
Karibische Fischgerichte und dazu Tropendrinks bei Sonnenuntergang. *MM 81,6, Tel. 305/664-06 04,* €–€€

Papa Joe's
Gute Fischgerichte und ein sehr schöner Blick auf Lignumvitae Key. *MM 79,7, Tel. 305/664-8756,* €

Pierre's Insider Tipp
In einem weißen Gebäude im Kolonialstil wird Ihnen karibisch inspirierte Küche inmitten von Antiquitäten aus dem Pazifikraum serviert. Tipp: die hausgeräucherten

Fische. *MM 81,6, Tel. 305/664-32 25,* €€€

ÜBERNACHTEN

Cheeka Lodge
Tennis, Segelboote, Strand und ein Golfplatz mit 9 Löchern. Die beiden Restaurants *Ocean Terrace Grill* und *Atlantic's Edge* bieten beste US-Küche. Zimmer mit Aussicht auf das Meer, den Garten oder den Golfplatz. Oft günstige Specials. *203 Zi./Villen, MM 82, Tel. 305/664-46 51, Fax 664-28 93, www.cheeka.rockresorts.com,* €€€

Islamorada Motel
Einfache Unterkunft mit großen, sauberen Zimmern. Salzwasserpool. *MM 87,8, Tel. 305/852-93 76, www.islamoradamotel.com,* €

FREIZEIT & SPORT

Fischen
Die besten Kapitäne warten in *Bud 'n' Mary's Marina (MM 79,8, Tel. 305/664-24 61).*

AUSKUNFT

Islamorada Chamber of Commerce
Mo–Fr 9–17, Sa/So 9–16 Uhr, MM 82,5, Tel. 305/664-45 03, Fax 664-42 89, www.islamoradachamber.com

ZIELE IN DER UMGEBUNG

Grassy Key **[127 D6]**
Im rund 40 km entfernten *Dolphin Research Center* können Sie sich mit Delphine in ihrem natürlichen Element anfreunden *(Preis 155 $, im Vormonat anmelden, halbtägige Info- (70 $) und einstündige Besichtigungstouren (12,50 $) tgl. 9–17 Uhr, MM 59, östlich von Marathon ab Robby's Marina, Tel. 305/289-11 21, www.dolphins.org).*

Lignumvitae Key **[127 D5]**
Fauna und Flora von dem benachbarten Lignumvitae Key blieben unbehelligt, da niemand auf der Insel lebt, und wenige Touristen kommen. Benannt ist die Insel nach ei-

MARCO POLO Highlights »Die Keys«

★ **Overseas Highway**
42 Brücken verbinden die Florida Keys (Seite 39)

★ **Little Palm Island**
Romantisch speisen auf einer Resortinsel (Seite 42)

★ **John Pennekamp State Park**
Eintauchen in die Unterwasserwelt am Riff (Seite 43)

★ **Jules Undersea Lodge**
Übernachtung 10 m unter dem Meer (Seite 43)

★ **Key West**
Auf den Spuren von Ernest Hemingway (Seite 44)

★ **Fort Jefferson**
Ein Flug zur Festung auf den Dry Tortugas (Seite 47)

nem hier vorkommenden Hartholzbaum. Einen zweistündigen Ausflug mit einem botanikkundigen Einheimischen organisiert der Park Service des *Lignumvitae Key Botanical State Park (MM 67,5, Tel. 305/664-25 40, ab Robby's Marina)*.

Marathon **[126 C6]**

Das auf *Vaca Key* liegende Marathon, rund 60 km südlich, ist mit seinen Malls, Ausrüstern und Tankstellen der eher nüchterne Hauptort der *Middle Keys*. Gleichwohl bietet sich der Ort dank relativ preiswerter Motels wie das *Hidden Harbor Motel (21 Zi., 2396 Overseas Hwy., MM 48,5, Tel. 305/743-53 76, Fax 743-25 52, www.hiddenharbormotel, €)* als Basis für das Erkunden der maritimen Fauna und Flora an. So führen vom Insider Tipp *Looe Key Reef Resort (mit Tauchcenter, 22 Zi., MM 27,5, Tel. 305/872-22 15, Fax 872-37 86, www.diveflakeys.com, €–€€)* auf dem benachbarten *Ramrod Key* Bootstouren zum *Looe Key Reef*, einem der fischreichsten Korallenriffe der Keys. Weitere Ausflüge werden von Taucherläden vor Ort sowie auf *Big Pine Key, Summerland Key* und im *Bahia Honda State Park* angeboten.

Ein Leckerbissen ist der Bootsausflug nach ★ *Little Palm Island*. Inmitten lichter Palmenhaine stehen palmwedelgedeckte Luxuscottages, von denen jedes einzelne eine Terrasse mit Meeresblick bietet. Weder Fernseher noch Telefon stören die paradiesische Idylle. Im Preis enthalten sind hier alle Mahlzeiten und die Nutzung des Wassersportangebots. Insider Tipp Das romantische Restaurant steht auch Nicht-Gästen zur Verfügung *(28500 Overseas Hwy., Little Torch Key, Tel. 305/872-25 24, Fax 872-48 43, www.littlepalmisland.com, €€€, per Boot tgl. 7.30–22.30 Uhr zu erreichen vom MM 28,5 aus)*.

KEY LARGO

[127 E5] Die größte Insel der Keys (11 300 Ew.) verdankt ihren guten Namen vor allem dem gleichnamigen preisgekrönten Gangsterfilm aus dem Jahr 1948 mit Humphrey Bogart und Edward G. Robinson. Inzwischen voll gestopft mit Fast-

Conch Republic

Doppelte Staatsbürgerschaft gefällig?

Die Insulaner der Florida Keys sind ein eigener Schlag. 1982 traten sie sogar aus den USA aus, weil die Schmuggler jagende Bundespolizei sie zeitweilig nur gegen Vorlage ihres Passes aufs Festland ließ und sie damit als Ausländer behandelte. Später lenkte Washington zwar ein, doch das ausgeprägte Wir-Gefühl ist geblieben – und auch der Generalsekretär der Conch Republic, der gern feierlich die Staatsangehörigkeit der Muschelrepublik verleiht. *The Conch Republic – Office of the Secretary General, 509 Whitehead St., Key West, Tel. 305/296-02 13, www.conchrepublic.com*

foodrestaurants und Ablegern der großen Motelketten, hat es – abgesehen vom *John Pennekamp Coral Reef State Park* – eine Menge von seinem ehedem romantischen Flair eingebüßt. Dass die *African Queen*, das Dampfboot aus einem anderen Bogart-Film, am Dock neben dem Holiday Inn zwischen Dutzenden von Charterbooten vor Anker liegt, kann diesen Eindruck leider nicht wettmachen *(einstündige Fahrt 15 $, MM 100)*.

SEHENSWERTES

John Pennekamp State Park

★ Das Beste dieses 461 km² großen Schutzgebiets – ein Abschnitt des Korallenriffs, das sich entlang der Keys nach Norden zieht – liegt unter Wasser: ein Farbenpanorama für Schnorchler und Taucher. Der Park verfügt über mehrere Strände und ein Korallenriffaquarium. *Fahrten mit dem Glasbodenboot (21 $) und Schnorcheltrips (27,95 $) tgl. um 9, 12 und 15 Uhr, MM 102,5, Tel. 305/451-16 21, www.pennekamppark.com*

ESSEN & TRINKEN

Mrs. Mac's Kitchen

Rustikaler Imbiss mit frischem Fisch, Steak und Chili als Spezialitäten. *MM 99,4, Tel. 305/451-37 22, €*

ÜBERNACHTEN

Beach Resort Key Largo

Der tropische Garten vermittelt Ruhe nahe den quirligsten Punkten der Insel. *200 Zi., 97000 S Overseas Hwy., MM 97, Tel. 305/852-55 53, Fax 852-51 98, www.keylargoresort.com, €€€*

Jules Undersea Lodge

★ Ein Unterwasserhotel, dessen zwei Zimmer 10 m unter dem Meeresspiegel in einer Lagune liegen. Mit Ausblick auf die Fische durch Riesenbullaugen. *51 Shoreland Dr., MM 103,2, Tel. 305/451-23 53, Fax 451-47 89, www.jul.com, €€€*

Largo Lodge

Cottages mit Küche in tropischer Idylle an der Bay. *101740 Overseas Hwy., Tel. 305/451-04 24, www.largolodge.com, €€*

FREIZEIT & SPORT

Tauchen

American Diving Headquarters (Wrack- und Nachttrips), MM 105,5, Tel. 305/451-00 37, www.americandiving.com; Atlantis (Trauung unter Wasser: ab 300 $ inkl. Sauerstofftanks, je nach Aufwand), 51 Garden Cove Dr., MM 106,5, Tel. 305/451-13 25

Insider Tipp

AM ABEND

Caribbean Club

Außenaufnahmen zum Bogart-Film »Casablanca« machten diese Bar bekannt. Abendlicher Treff zum Bier. *MM 104, Tel. 305/451-99 70*

AUSKUNFT

Key Largo Chamber of Commerce

Tgl. 9–18 Uhr, MM 106, Tel. 305/451-17 47, Fax 451-47 26, www.keylargo.org

ZIEL IN DER UMGEBUNG

Tavernier [127 E5]

Diese Key-Insel, 15 km südlich, ist beliebter Ausgangspunkt für Taucher. Veranstalter sind u. a. *Conch Republic Divers,* die auch Wracktrips unternehmen *(MM 90,8, Tel. 305/852-16 55, www.conchrepublicdivers.com),* und das *Florida Keys Dive Center (MM 90,5, Tel. 305/852 45 99, www.floridakeysdivectr.com).*

Ein Richtung Tavernier gelegener Hoteltipp ist das *Conch On Inn Motel,* acht preisgünstige Zimmer für Wasserratten, mit Bootssteg am Kanal *(MM 89,5, Islamorada, Tel. 305/852-93 09, Fax 852-29 57, www.conchoninn.com, €).*

KEY WEST

[126 B6] ★ Als ehemalige Marinebasis und als Horchposten für den Funkverkehr im 150 km entfernten Kuba spielt die südlichste bewohnte Key-Insel (27 000 Ew.) traditionell nicht nur eine Rolle als Strand- und Kulturkommune für die Müßiggänger der Welt. Aber hektisch war das Leben hier noch nie, nicht einmal, als der Hafen als Zwischenstopp der Liniendampfschiffe in die Karibik und in den Golf von Mexiko diente, und als Fischer, Naturschwammtaucher und eine Ananasfabrik im 19. Jh. dem Eiland seinen Wohlstand bescherten. Aus den frühen Jahren sind einige Häuser geblieben, die Key West seinen romantischen Charakter geben. Errichtet wurden sie von Schiffszimmerleuten, die auf die Verwendung von Nägeln verzichteten.

Ernest Hemingway, an dessen schriftstellerisch produktive Zeit auf der Insel man sich stolz erinnert, wich nach Kuba aus, als immer mehr Touristen kamen. Die lockt auch heute noch die Suche nach dem Paradies am Ende der Welt. Was sie finden, sind Träume von einer längst vergangenen Zeit und Sonnenuntergänge, die allen Touristenrummel vergessen lassen.

SEHENSWERTES

Audubon House and Tropical Garden

Chippendalemöbel und Porzellanvogelsammungen aus den 1840er-Jahren, als der Naturforscher John James Audubon hier lebte. *Tgl. 9.30–17 Uhr, Eintritt 8,50 $, 205 Whitehead St./Greene St., www.audubonhouse.com*

Curry Mansion

Einst Winterresidenz eines der ersten Florida-Millionäre, heute Museum und B & B: 28 Räume mit Möbeln aus der viktorianischen Ära. *Tgl. 10–17 Uhr, Eintritt 5 $, 511 Caroline St., www.currymansion.com*

Hemingway House

Lebens- und Arbeitsräume von Ernest Hemingway. Hier entstanden Meisterwerke wie »In einem anderen Land« und »Wem die Stunde schlägt«. In seinem Roman »Der alte Mann und das Meer« – der sich gut als Einstimmung auf Südflorida anbietet – verewigte der Schriftsteller die Keys. *Tgl. 9–17 Uhr, Eintritt 11 $, 907 Whitehead St., www.hemingwayhome.com*

Key West Aquarium

Mit Haifisch- und Seeschildkrötenbecken, Mantas zum Streicheln und der Nachbildung eines Korallenriffs. *Tgl. 10–18 Uhr, Eintritt 9 $, 1 Whitehead St., www.keywestaquarium.com*

Insider Tipp

Ein typisches Conch-Haus, wie die Alteingesessenen es lieben

Mallory Square
Der Platz, um den die Stadt herumwuchs. Häuser wie *Customs House, Hospitality House, Waterfront House* und *Harbor House* stammen noch aus der zweiten Hälfte des 19. Jhs.

Old Town
Historischer Bezirk am Ende der US 1. Alte Key-West-Häuser im so genannten Conch-Stil mit Veranden, Säulen, Holzschnitzereien und Läden entlang der *Duval Street. Rundfahrt mit Old Town Trolley Tour tgl. alle 30 Minuten 9.30 bis 16.30 Uhr ab Mallory Square, Preis 25 $, Tel. 305/292-89 06*

MUSEUM

Mel Fisher's Maritime Museum
Beutestücke des Schatzsuchers Mel Fisher, darunter Goldschmuck von den spanischen Galeonen *Atocha* und *Margarita,* die Fisher entdeckte. Sie waren 1622 bei einem Hurrikan vor den Marquesas gesunken. *Tgl. 9.30–17 Uhr, Eintritt 11 $, 200 Greene St., www.melfisher.org*

ESSEN & TRINKEN

Bahama Mama's Kitchen
Mitten in Bahama Village – dem malerischen Viertel der afrokaribischen Bevölkerung der Stadt – gibts scharf gewürzte Hühnchen mit Ingwersauce, frisches Seafood mit Reis und exotische Desserts. *324 Petronia St., Tel. 305/294-33 55,* €

Blue Heaven
In dem Garten, wo Hemingway Box- und Hahnenkämpfen zusah, wird heute Karibisches aufgetischt. *729 Thomas St., Tel. 305/296-86 66,* €

Café Marquesa
Preisgekrönte, innovative *american cuisine* mit karibischen Zutaten. *600 Fleming St., Tel. 305/292-19 19,* €€

Coco Palms
Scharf gewürzte jamaikanische Küche. *300 Front St., Tel. 305/296-00 46, €*

Latitudes Beach Café
Bar und Restaurant auf *Sunset Key,* einem Luxusresort. Herrlicher Blick von der Insel auf Key West. *Fähre halbstündlich vom Key West Hilton, 245 Front St., Tel. 305/289-43 13, €€*

Louie's Backyard
Terrasse und Bar am Meer. Innovative Fischgerichte! *700 Waddell Ave., Tel. 305/294-10 61, €€€*

Pepe's Café & Steak House
Tolles Frühstück, später Austern und Burger. *806 Caroline St., Tel. 305/294-71 92, €*

ÜBERNACHTEN

Das *Key West Information Center* vermittelt rund 5000 Unterkünfte in allen Preisklassen *(Tel. 305/292-50 00, Fax 295-09 00, www.keywestinfo.com).* Die Agentur *Vacation Key West* vermittelt auch Last-Minute-Deals *(Tel. 305/295-95 00, www.vacationkw.com).*

Casa Alante Guest Cottages
Zehn hübsche Cottages rund um einen schönen Pool, umgeben von tropischer Vegetation. Ebenfalls zum Anwesen gehörend: fünf zahme Hühnchen. *10 Cottages, 435 S Roosevelt Blvd., Tel. 305/293-07 02, Fax 305/292-86 99, www.casaalante.com, €–€€*

Eden House
Historisches Hotel in Old Town mit Pool. *40 Zi., 1015 Fleming St., Tel. 305/296-68 68, Fax 294-12 21, www.edenhouse.com, €€*

The Gardens
Paradiesisch-elegante Unterkunft mit altem, wunderschönen Garten. *17 Zi., 526 Angela St., Tel. 305/294-26 61, Fax 292-10 07, www.gardenshotel.com, €€€*

The Pier House
Direkt am Meer mit Ministrand, Pool, Schönheitsfarm, vier Bars, darunter *Havana Docks* (toll zum Sonnenuntergang) und dem *Pier House Restaurant. 142 Zi., 1 Duval St., Tel. 305/296-46 00, Fax 296-75 69, www.pierhouse.com, €€€*

FREIZEIT & SPORT

Captain Victoria
Insider Tipp
Erfahrene Kapitänin, die Delphine mit Musik (sie lieben Benny Goodman und Walzer!) anlockt. Tagescharter rund 600 $ (1–6 Pers.). *Tel. 305/304-75 62, Fax 294-75 78*

Fahrräder
Zu mieten bei *The Bicycle Center (523 Truman Ave., Tel. 305/294-45 56)* oder *The Bike Shop (1110 Truman Ave., Tel. 305/294-10 73).*

Windsurfing
Auch Touren mit Hobie-Katamaranen, Parasailing und Jetskis, zu buchen bei *Sunset Watersports (Smathers Beach, Tel. 305/296-25 54).*

AM ABEND

Margaritaville
Livemusik und Hamburger können Sie sich im Club des Popsängers Jimmy Buffett gönnen. *424A Flemming St., Tel. 305/296-30 70*

Insider Tipp **Schooner Wharf Bar**
Eine Rundumbar unterm Palmwedeldach, mit durstigen, tätowierten Seebären und Blick auf die Boote im Yachthafen. *202 William St., Tel. 305/292-33 02*

Sloppy Joe's
Berühmt geworden als »Tankstelle« von Ernest Hemingway. Riesig, laut, Liverockmusik. *201 Duval St., Tel. 305/294-57 17*

TOUREN

Inselrundflug **[126 A6]**
Ein Flug über die Inselgruppen der Umgebung beschert Ihnen ein Erlebnis. Die Key West vorgelagerte Inselgruppe *Marquesas Keys* bildet das einzige Atoll im Atlantik. *Quicksands* sind Sandbänke, die ihre Form verändern und damit auch das Muster der Wellen.

★ *Fort Jefferson* auf den *Dry Tortugas* nimmt eine komplette, 70 000 m² große Insel ein. Das Fort, in den Jahren 1846–71 erbaut, doch nie ganz fertig gestellt, wurde im Sezessionskrieg von den Truppen der Nordstaaten besetzt. Danach diente es als Gefängnis. Hier saß zum Beispiel Dr. Samuel Mudd zwei Jahre ein, weil er dem Lincoln-Attentäter das gebrochene Bein gerichtet hatte. Schon 1908 wurde das Fort als *Wildlife Refuge* zum Schutz der Brutplätze einer seltenen Seeschwalbenart ausgewiesen. Seit 1935 steht es unter Denkmalschutz *(www.fortjefferson.com). Seaplanes of Key West, Tel. 305/294-07 09, inbegriffen in dem halbtägigen Flug (189 $) ist die Schnorchelausrüstung*

AUSKUNFT

Key West Chamber of Commerce
Tgl. 8.30–18 Uhr, 402 Wall St., Tel. 305/294-25 87, Fax 294-78 06, www.keywestchamber.org

Boote und Surfbretter stehen an vielen Stellen zum Mieten bereit

Fluss aus Gras – wie lange noch?

Im großen subtropischen Naturschutzgebiet erleben Sie Wildnis hautnah

Vorsicht! Hier überqueren Alligatoren die Straße

Eines der größten Naturschauspiele Floridas, unweit der Zivilisation, versetzt jeden Besucher mühelos in eine andere Welt: die Everglades, das größte subtropische Feuchtgebiet Nordamerikas mit rund 600 Fisch- und knapp 300 Vogelarten sowie vielen Pflanzen, die nur hier gedeihen – wahrhaftig ein biologisches Wunderland. Fast ein Siebtel der Gesamtfläche von rund 50 000 km^2 wurde schon 1947 auf Drängen von Naturschützern als National Park dem Zugriff privatwirtschaftlicher Nutzung entzogen. Weitere 25 000 km^2 sind seit 1974 im *Big Cypress National Preserve* geschützt.

Das Biotop zieht sich vom Lake Okeechobee bis zu den Ten Thousand Islands im Südwesten Floridas. Dabei handelt es sich um einen 80 km breiten Fluss mit dem ungewöhnlich niedrigen Wasserstand von 15 cm. Seggen und sonstige Riedgräser verbergen nicht nur das Wasser, sondern auch die langsame Strömung. Da der Höhenunterschied zwischen dem Inland und dem Golf von Mexiko nur 3 m beträgt, benötigt das Wasser rund ein Jahr, bis es nach 160 km im Meer ankommt.

Sumpfzypressen im Big Cypress National Preserve

Die Marschlandschaft, die an leicht erhöhten Punkten von kleinen Waldinseln durchsetzt und von natürlichen Kanälen durchzogen ist, gilt als eines der empfindlichsten Ökosysteme der Welt, das auf Kiefern-, Zypressen- und Palmenhaine genauso angewiesen ist wie auf die Mangroveninseln an der Südwestküste, wo sich Salz- und Süßwasser zu einer Mixtur vermengen, die den idealen Lebensraum für Fische und Garnelen bietet.

Die Situation ist allerdings prekär geworden. Nur den Südteil der Everglades zu schützen reicht nicht aus, um auf Dauer die bedrohten Tiere und Pflanzen wie den Florida-Panther und das Florida-Krokodil (ein Verwandter des Alligators), die Ibisse und Störche vor weiterer Dezimierung zu bewahren. Um eine intakte Nahrungskette zu erhalten, muss außerhalb von National Park und National Preserve den Sünden der Vergangenheit zu Leibe gerückt werden. Dieses Anliegen wird inzwischen auch von Politikern in Washington unterstützt. Der im Jahr 2000 unterzeichnete und mit 7,8 Mia. $ finanzierte *Everglades Restoration Plan (ERP)* sieht den Bau großer Regenwasserreservoirs vor, von denen die Revitalisierung des weit gehend ausgetrockneten Ökosystems ausgehen soll.

Der Konflikt, der in diesem Landstrich ausgetragen wird, ist klassisch. Viele Farmen und Städte in Südostflorida hätten nicht gegründet werden können, wenn nicht Wasser aus den Everglades abgeleitet worden wäre. Lang anhaltende Trockenheit einhergehend mit Bränden in den 1980er-Jahren und das Hurrikan-Quartett im Sommer 2004 sind die Ursache dafür, dass sich immer mehr widerstandsfähigere, aus anderen Teilen der Welt importierte Pflanzen ausbreiteten.

Die Everglades weisen anders als die meisten amerikanischen National Parks auf den ersten Blick keine spektakulären Sehenswürdigkeiten auf. Wer die Faszination der Landschaft erleben will, muss deshalb zu ausgedehnten Bootsfahrten aufbrechen. Neben Kanutrips unter kundiger Führung eignen sich für die Erforschung der Wildnis auf eigene Faust Hausboote am besten – zu mieten in Flamingo und Everglades City. Für Autotouristen gibe es eine nicht ganz so spektakuläre Alternative: Durch den Park führt eine einzige, 60 km lange Straße, die im Küstendorf Flamingo endet *(pro Auto 10 $)*. Dort finden Sie Übernachtungsmöglichkeiten, Lebensmittel und Benzin sowie zahlreiche Tourenangebote. In *Shark Valley* an der Route 41 am Nordrand des Parks werden Ausflüge zu einem Beobachtungsturm angeboten.

An der nördlichen Peripherie leben die wenigen Indianer vom Stamm der Miccosukee, die den Eroberungsfeldzug der Weißen überlebt haben, ohne je einen Friedensvertrag zu unterzeichnen. Theoretisch befinden sie sich mit der US-Regierung noch im Krieg. Ein großer Teil des Areals, das sie besiedelten und wo sie jagten, wurde ihnen streitig gemacht, um den National Park zu begründen. Heute leben sie vor allem vom Schmuck- und Andenkenverkauf. Im Park bieten markierte Wanderwege, so genannte *trails,* direkt an der Hauptstraße Zugang zur Wildnis.

Der Winter ist die angenehmste Jahreszeit, die Everglades zu besuchen. Die Temperaturen werden milder und die lästigen Mücken weniger. Dafür gibt es viele Zugvögel im Park, die hier überwintern. Der saisonal niedrige Wasserstand sorgt dafür, dass die Tiere sich an relativ wenigen Wasserlöchern aufhalten. Sie zu beobachten gelingt am besten in der Morgen- und Abenddämmerung.

SEHENSWERTES

Ah Tah Thi Ki Museum **[127 D1]**
Gebrauchsgegenstände aus dem Alltag der Seminolen im 19. Jh.
Di–So 9–17 Uhr, Eintritt 6 $, Clewistown (30 km nördlich von Exit 14 der I-95 auf Route 833), www.seminoletribe.com/museum

Insider Tipp **Fakahatchee Strand State Preserve** [126 C2–3]
Königspalmen, Sumpfzypressen und die größte Orchideenkonzentration der USA mit über 40 Arten. Vom *Big Cypress Bend Boardwalk* aus können Sie seltene Vögel sowie mit Glück auch Adler und Alligatoren beobachten. *Tgl. 8 Uhr bis Sonnenuntergang, 137 Coastline Dr., Abzweig bei Copeland von der Route 29, www.florida-everglades.com*

Miccosukee Indian Village [127 D3]
Ein Museumsdorf mit palmwedelgedeckten Hütten, Museum und einem Laden, der Schmuck und kunstgewerbliche Souvenirs verkauft. Angeschlossen ist ein Kasinohotel mit dem edlen Restaurant *Empeek Cheke (302 Zi., Tel. 305/925-25 55, Fax 925-25 56, €€€). Tgl. 9–17 Uhr, Eintritt 8 $, Route 41, 40 km westlich von Miami, Tel. 305/223-83 80, www.miccosukee.com*

Pa-hay-okee Overlook [127 D4]
Der Aussichtsturm an der Route 9336 gestattet einen Überblick über die weite Graslandschaft. *20 km vom südlichen Parkeingang Richtung Flamingo entfernt*

Shark River Tower [127 D3]
★ 22 m hoher Aussichtsturm 20 km südlich von der Route 41. Erreichbar zu Fuß, per Fahrrad oder mit einer Trambahn *(13 $ zuzügl. 10 $ Eintritt in den Park)*. In der Hochsaison im Winter sollte man den Platz in der Bahn reservieren. *Tgl. Abfahrten zwischen 8.50 und 17.55 Uhr, Shark Valley Tram Tours, 65 km westlich von Miami an der Route 41, Tel. 305/221-84 55*

ESSEN & TRINKEN

Die Auswahl ist – einem solchen Naturparadies entsprechend – denkbar gering. Die einzigen Lokale finden Sie im *Miccosukee Indian Village* und im *Resort* an der Route 41, in der *Flamingo Lodge* in Flamingo sowie im *Rod & Gun Club*, im *Oyster House* und im *Everglades Seafood Depot* und *Oar House* in Everglades City. Spezialitäten auf den Speisekarten sind Froschschenkel und Alligatorsteak.

MARCO POLO Highlights »Die Everglades«

★ **Shark River Tower**
Mit dem Rad oder per Tram zum Aussichtsturm (Seite 51)

★ **Everglades Rod & Gun Club**
Alligatorsteak auf der Veranda (Seite 52)

★ **Ten Thousand Islands**
Mit den Park Rangers entlang der Westgrenze des Parks (Seite 52)

★ **Hausboottouren**
Zwei Tage durch weit gehend unberührte Natur (Seite 52)

ÜBERNACHTEN

Everglades Rod & Gun Club **[126 C3]**
★ Frühere Jagdlodge von Barron Collier, einst größter Landbesitzer Floridas. Gäste wohnen in Cottages. Pool, Liegeplätze für Boote. Restaurant mit Blick aufs Wasser. *17 Zi., 200 Riverside Dr., Everglades City, Tel. 239/695-21 01, www.floridasecrets.com, €–€€*

Flamingo Lodge **[127 D5]**
Einzige Lodge direkt im National Park. *102 Zi. und 24 Cottages, Hwy. 9336, Flamingo, Tel. 239/695-31 01, Fax 695-39 21, www.flamingolodge.com, €–€€*

FREIZEIT & SPORT

Airboat Tour
Mit Booten durch das flache Wasser der Everglades, z. B. mit *Wooten's (tgl. 8.30–17 Uhr, Preis 16 $, Route 41, Ochopee, Tel. 239/695-27 81)* oder am östlichen Eingang des Parks *Everglades Alligator Farm (tgl. 9–18 Uhr, Preis 17 $, 40351 SM 192nd Ave., Florida City, Tel. 305/247-26 28).*

Bootsfahrten
Touren durch das Mangrovenlabyrinth der ★ *Ten Thousand Islands* können Sie buchen bei der *Everglades National Park Gulf Coast Ranger Station (tgl. 9–17 Uhr, Preis 21 $, State Rd. 29, Everglades City, Tel. 239/695-25 91).*

Hausboottouren
★ Gut erhaltene Boote mit sechs Schlafplätzen kosten 490 $ für zwei Tage (Minimum) und 165 $ für jeden weiteren Tag bei *Flamingo Lodge Marina & Outpost Resort (Hwy. 9336, Flamingo, Tel. 239/695-31 01).*

Kanu Insider Tipp
Ein 150 km langer *Wilderness Waterway* durchzieht gut markiert die Wasserlandschaft Richtung Flamingo. Für die Tour sollten Sie sieben Tage einkalkulieren. Die beste Zeit: Oktober bis April. Zu buchen bei

Der Florida-Krimi

Mit Spannung und schwarzem Humor gegen Missstände

Er ist halb Thriller, halb Gesellschaftssatire und immer unterhaltsam: der Florida-Krimi, ein orginelles Bestsellergenre mit kritischen Untertönen gegenüber dem Bau- und Touristenboom. Zu seinen wichtigsten Vertretern gehören Elmore Leonard (»Schnappt Shorty«) und Edna Buchanan (»Schlangentanz«). Aber keiner ist so engagiert wie Carl Hiaasen (»Touristensaison«), dessen Protagonisten gern in den Everglades agieren. Er selbst lebt zurückgezogen auf einer Key-Insel und träumt davon, »dass ein schwerer Hurrikan hier durchfegt und uns alle dazu zwingt, wieder von vorn anzufangen«.

Gleich mehrere Wanderwege führen durch den Everglades National Park

Flamingo Marina (Preis 40 $ pro Tag, Flamingo, Tel. 239/695-31 01) und *Everglades National Park Boat Tours (Preis 25 $, State Rd. 29, Everglades City, Tel. 239/695-25 91).*

Mehrtägige Touren mit Kanus und Kajaks, Zelten und Kochgeschirr organisiert *North American Canoe Tours (Nov.–April, 107 Camellia St., Everglades City, Tel. 239/695-32 99, www.evergladesadventures.com).*

Wandern

Der *Ahinga* und der *Gumbo Limbo Trail* führen vom *Royal Palm Visitor Center* aus durch die Wildnis. Der 800 m lange *Mahogany Hammock Trail* zieht sich durch einen Wald mit den höchsten Mahagonibäumen der USA *(40 km hinter dem Parkeingang)*. Der *Long Pine Key Nature Trail* bietet einen 12 km langen Wanderweg durch dichte Kiefernwälder *(15 km hinter dem Parkeingang)*.

AUSKUNFT

Everglades Area Chamber of Commerce [126 C3]

Prospekte, Tipps und Informationsmaterial. *Tgl. 9–17 Uhr, Route 41/ State Route 29, Everglades City, Tel. 239/695-39 41, Fax 695-31 72, www.florida-everglades.com*

Ernest F. Coe Visitor Center [127 E4]

Tgl. 8–17 Uhr, State Rd. 9336, 15 km südwestlich von Florida City, Tel. 305/242-77 00

Oasis Visitor Center [126 C3]

Tgl. 8.30–16.30 Uhr, am Eingang zum Big Cypress National Preserve, Route 41, Ochopee, Tel. 239/ 695-41 11

Royal Palm Visitor Center [127 E4]

Tgl. 7.30–17 Uhr, State Rd. 9336, Homestead, Tel. 305/242-77 00, Extension (Apparat) 72 37

Floridas sonnige Seite

Wunderschöne Strände mit einer Prise Einsamkeit und den schönsten Sonnenuntergängen

Die Westküste liegt von Europa aus ein wenig im Schatten. Ein Trugschluss, wenn man das wortwörtlich nimmt. Im Durchschnitt scheint südlich von Tampa 361 Tage im Jahr die Sonne. Zwischen dem Endpunkt des Everglades Parkway in Naples und der Mündung des Suwannee River finden Sie eine 300 km lange Küste, viele kleinere Orte und Touristenzentren wie Tampa, St. Petersburg und Fort Myers mit palmengesäumter Silhouette und internationalen Luxushotels. Der weiße Strand mit den zahmen Wellen ist ideal für die Anfänger unter den Surfern. Auch Golfplätze gibt es zu Hunderten. Der Landstrich ist mit seinen Haffs und Buchten, Kanälen und privaten Anlegestellen ein Paradies für Motorboote. Ausgesprochen reizvoll sind die zahllosen vorgelagerten Koralleninseln *(Keys)*. Jede hat ihren eigenen Charakter.

Wenn Sie sich auf dem Landweg ein Bild von der Westküste machen wollen, gibt es eine einfache Faustregel: Je weiter Sie nach Süden fahren, desto wärmer wird es, je weiter nach Norden, um so einsamer. Einige Kilometer nördlich von Tampa warnen Schilder an der Route 19 vor einem Wildwechsel besonderer Art: vor »kreuzenden Bären«.

Steter Wind und Sonne machen die Westküste zum idealen Surfgebiet

CEDAR KEY

[121 D6] Einst war der kleine Fischerort (790 Ew.) der bedeutendste Hafen Floridas. Doch die Eisenbahnlinie, die von 1861 an Cedar Key mit Fernandina Beach an der Ostküste verband, ist inzwischen verschwunden. Erhalten blieb, 30 km vom nächsten Ort entfernt, eine schläfrige Stimmung. Und erst dieser Tage erlebt Cedar Key ein kleines Comeback als Reiseziel und Künstlerkolonie.

SEHENSWERTES

Cedar Key National Wildlife Refuge Insider Tipp

Bis zu Beginn des 20. Jhs. lieferten die Zedernbestände auf den Cedar Key vorgelagerten Inseln der Firma Faber das Holz für ihre berühmten Bleistifte. Seit 1929 sind die Inseln wegen ihrer Pelikane, Ibisse und Kraniche, die hier brüten, als *Wildlife Refuge* geschützt.

Nicht zu Unrecht trägt Fort Myers den Beinamen »City of Palms«

ÜBERNACHTEN

The Island Hotel
Historisches B & B mit umlaufender Veranda, uriger Bar und gemütlichem Fischrestaurant. *13 Zi., 373 2nd St., Tel. 352/543-51 11, Fax 543-69 49, www.islandhotel-cedarkey.com, €*

TOUREN

Cedar Key Island Hopper
Organisierte Bootstouren für 15 $, Tagestouren mit selbst gemietetem Motorboot ab 100 $. *Cedar Key City Marina, Tel. 352/543-59 04, www.cedarkeyislandhopper.com*

AUSKUNFT

Cedar Key Chamber of Commerce
Mo–Mi, Fr 9–13, So 10–14 Uhr, 2nd St., Tel. 352/543-56 00, www.cedarkey.org

CRYSTAL RIVER

[123 E1] Hier schwimmen die *Manatees,* die seltenen Florida-Seekühe, im Winter vom Meer aus zu den wärmeren Flussquellen. Der vom gleichnamigen Städtchen (3600 Ew.) ausgehende Tourismus ist noch ziemlich unauffällig. Tauchershops offerieren Schnorcheltouren zu den Seekühen im klaren Crystal River *(z. B. Sunshine River Tours, Nov.–März, 30 $ pro Person, Homosassa, Tel. 352/628-34 50).* Das nahe *Crystal River National Wildlife Refuge* mit seinem reichhaltigen Tierbestand erkunden Sie am besten per Kanu.

SEHENSWERTES

Homosassa Springs Wildlife Park
Spaziergänge durch gläserne Röhren gestatten unter Wasser einen

Blick auf die pflanzenfressenden, bis zu 800 kg schweren und 3 m langen Seekühe im Quellgebiet des Homosassa River. *Tgl. 9–17.30 Uhr, Eintritt 8,95 $, 4150 S Suncoast Blvd., Homosassa, www.homosassasprings.org*

ESSEN & TRINKEN

Crackers
Netter Hangout direkt an der schönen Kings Bay. Terrasse mit Blick aufs Wasser. Sandwiches, Pasta, Burger, Salate. *502 NW 6th St., Crystal River, Tel. 352/795-39 99, €*

ÜBERNACHTEN

Plantation Inn & Golf Resort
Einer alten Residenz nachempfundener Resort von entspannter Eleganz. Gutes Restaurant, Pool, Tennisplätze, zwei Golfplätze (27 Löcher). *144 Zi., West Fort Island Trail, County Rd. 44 W, Crystal River, Tel. 352/795-42 11, Fax 795-13 68, www.plantationinn.com, €€*

AUSKUNFT

Crystal River Chamber of Commerce
Mo–Fr 9–17, 28 NW Hwy. 19, Tel. 352/795-31 49, www.citruscountychamber.com

FORT MYERS

[126 B1] Den Beinamen *City of Palms* verdankt die Stadt (50 000 Ew.) ihrem Wintergast Thomas A. Edison, der die alte Hauptstraße, den *McGregor Blvd.,* mit kubanischen Palmen bepflanzen ließ. Fort Myers war, bevor sich der Erfinder von Plattenspieler, Glühbirne und anderen praktischen Dingen an der Mündung des Caloosahatchee River niederließ, ein Armeeposten zur Abwehr der Indianer und ein kleiner Hafen, aus dem Rinder in die Karibik verschifft wurden. Heute ist die Stadt, in der die Baseballteams der *Boston Red Sox* und der *Minnesota Twins* überwintern,

MARCO POLO Highlights »Die Westküste«

★ **Gasparilla Island**
Fein logieren im ehemaligen Seeräuberschlupfwinkel (Seite 58)

★ **Sanibel und Captiva Island**
Am schönsten im Mai und Oktober (Seite 61)

★ **J. N. »Ding« Darling National Wildlife Refuge**
Romantische Kanufahrt in der Dämmerung (Seite 61)

★ **Cayo Costa**
Muschelsuche mit Captain Mike Fuery (Seite 62)

★ **Ringling Museum of Art/ Cà d'Zan**
Die prachtvollen Visionen eines Zirkusunternehmens (Seite 63)

★ **Busch Gardens Tampa**
Serengetipark und supertolle Achterbahnen (Seite 64)

Geheimnisvolle Welt: das Labor von Thomas A. Edison

wegen seiner Edison-Attraktionen und seiner Strände beliebt. So lohnen sich Ausflüge zu den der Stadt vorgelagerten Inseln: *Pine Island, Bokeelia, Cabbage Key, Useppa* und *Cayo Costa* (die drei letzteren nur per Boot von Bokeelia aus). Alle zeigen den Charakter des alten Florida vor dem großen Bauboom.

MUSEUM

Thomas Edison's Winter Estate
Hier überwinterte der geniale Erfinder 1886–1931. Besichtigungstouren führen durch die Wohnräume, Labor und Werkstatt. Angeschlossen sind Haus und Gärten des Automobilherstellers und Edison-Freunds Henry Ford. Eine Attraktion ist der erste moderne Pool von 1900. *Mo–Sa 9–17.30, So 12–17.30 Uhr, 2350 McGregor Blvd., Eintritt 16 $ (beide Häuser zusammen), www.edison-ford-estate.com*

ESSEN & TRINKEN

Channel Mark
Solide Fischgerichte mit Blick auf die Hurricane Bay. *19001 San Carlos Blvd., Fort Myers Beach, Tel. 239/463-01 17, €–€€*

ÜBERNACHTEN

Infos über Ferienwohnungen und -häuser bei *Tropical Realty (1661 Estero Blvd., Fort Myers Beach, Tel. 239/463-44 24, Fax 765-10 48, www.tropicalhutrealty.com).*

Best Western Pink Shell Resort
Strandhotel auf Estero Island. *156 Zi., 275 Estero Blvd., Fort Myers Beach, Tel. 239/463-61 81, Fax 463-1229, www.pinkshell.com, €€*

AUSKUNFT

Greater Fort Myers Chamber of Commerce
Mo–Fr 8–16.30 Uhr, 2310 Edwards Dr., Tel. 239/332-36 24, Fax 332-72 76, www.fortmyers.org

GASPARILLA ISLAND

[123 F6] ★ Eine der Barrier Islands zwischen Tampa und Fort Myers mit der attraktivsten Fauna und Flora der Westküste, einsamen Muschelsandstränden und seltenen

Watt- und Greifvögeln, die ideale Brutverhältnisse vorfinden. Der Name Gasparilla Island geht auf den berühmt-berüchtigten Piraten José Gaspar zurück. Er soll die Insel angeblich früher als Schlupfwinkel genutzt haben. Mit dem Hauptort *Boca Grande* (1000 Ew.) gehört sie zu den teuersten Ferienzielen im Südwesten Floridas.

ESSEN & TRINKEN

Insider Tipp

Tarpon Tide Grill
Am Bootshafen, wo der frische Fisch direkt ankommt. *Miller's Marina, Boca Grande, Tel. 941/964-22 32, €€*

ÜBERNACHTEN

Infos über Ferienwohnungen und -häuser bei *Gulf To Bay Properties (336 Park Ave., Boca Grande, Tel. 941/964–01 15, Fax 964-04 31, www.gulftobayproperties.com).*

Gasparilla Inn & Cottages
Stilvolles Golfhotel aus den Anfangsjahren des 20. Jhs. Einer der beiden Pools liegt direkt am Meer. *152 Zi., 5th St./Palm Ave., Boca Grande, Tel. 941/964-22 01, Fax 964-27 33, €€€*

Innlet on the Waterfront
Hübsches Inn mit Blick auf das *Boca Grande Bayou. 33 Zi., 1251 12th St. E, Boca Grande, Tel. 941/964-22 94, Fax 964-03 82, www.innletonthewaterfront.com, €€*

Uncle Henry's Marina Resort
Gemütliches Hotel mit eigener Marina, von Seglern bevorzugt. *18 Zi., 5800 Gasparilla Rd. 33921, Tel. 941/964-23 00, €–€€*

FREIZEIT & SPORT

Hochseefischen
Die Jagd auf die bis zu 80 kg schweren Tarponfische (Saison April–Juli), auf Makrelen und andere Fische organisiert *Let's go fishin'! (Placida, Tel. 941/697-69 44, www.captvan.com).*

AUSKUNFT

Boca Grande Chamber of Commerce
Mo–Fr 9–17 Uhr, 5800 Gasparilla Rd., Suite A1, Boca Grande, Tel. 941/964-05 68, Fax 964-06 20, www.bocagrandechamber.com

MARCO ISLAND

[126 B3] Die Investoren, die dafür sorgten, dass auf der Insel (15 100 Ew.) südlich von Naples Hotels und Hochhäuser mit Eigentumswohnungen gebaut wurden, bemühen sich dennoch, die Balance mit der Natur zu halten. Vogelschutzgebiete sollen das Aussterben seltener Arten verhindern. Die Überlebenshilfen für den Seeadler, das Wappentier der Vereinigten Staaten, grenzen jedoch ans Kuriose: Es wurden künstliche Adlerhorste direkt neben Mietshäusern gebaut. Die weiten weißen Strände machen die Insel zu einem beliebten Ziel für Urlauber.

ESSEN & TRINKEN

Olde Marco Inn
Hier lebte der erste weiße Siedler der Insel. Gute Steaks, exotisch zubereitetes Seafood. *100 Palm St., Tel. 239/394-31 31, €€*

Snook Inn
Hübsches Fischrestaurant am Dock. Spezialität: Buttermilchshrimps. *1215 Bald Eagle Dr., Tel. 239/394-33 13, €€*

ÜBERNACHTEN

The Boat House Motel
In Old Marco, mit Bootshafen vor der Tür. *25 Zi., 1180 Eddington Place, Tel. 239/642-24 00, Fax 642-24 35, www.theboathousemotel.com, €–€€*

Marriott's Marco Island Resort
Am attraktivsten sind die Suiten in einem flachen Trakt direkt am Hotelstrand. Tennis, Segeln, Zutritt zum nahen Golfclub. *736 Zi., 400 S Collier Blvd., Tel. 239/394-25 11, Fax 642-26 72, www.marriott.com, €€€*

AUSKUNFT

Marco Island Area Chamber of Commerce
Mo–Fr 9–17 Uhr, 1102 N Collier Blvd., Tel. 239/394-75 49, Fax 394-30 61, www.marcoislandchamber.org

NAPLES

[126 B2] Die Stadt (21 000 Ew.), die wegen ihrer zur Schau gestellten Noblesse von Floridakennern mit Palm Beach an der Ostküste verglichen wird, lockt mit 60 km weißem Strand. Auf einem Spaziergang über die *2nd St. S* und den *Gordon Dr.* haben Sie einen vorzüglichen Blick auf luxuriöse Villen und Gärten. Gutes Shopping in der *3rd St. S Mall*, im *Venetian Village* und den *Waterside Shops.*

ESSEN & TRINKEN

The Boathouse
Das einzige Restaurant von Naples *über* dem Wasser. Relaxte Atmosphäre. Seafood, Steaks, Pasta. *990 Broad Ave. S, Tel. 239/643-22 35, €€*

ÜBERNACHTEN

Infos über Ferienwohnungen und -häuser bei *Naples Realty (27400 Riverview Center Blvd., Suite 3, Bonita Springs, Tel. 941/498-33 33, Fax 498-14 94).*

Cove Inn
Insider Tipp
In der Marina direkt am Wasser. *102 Zi., 900 Broad Ave. S, Tel. 239/262-71 61, Fax 261-69 05, www.coveinnnaples.com, €–€€*

Naples Beach Hotel and Golf Club
Strand- und Golfresort (18 Löcher). Drinks am Strand. *318 Zi., 851 Gulf Shore Blvd. N, Tel. 239/261-22 22, Fax 261-73 80, www.naplesbeachhotel.com, €€€*

Ritz-Carlton
Eines der besten Hotels Floridas wartet mit zwei Angestellten pro Gast, tropischem Garten und einer romantischen Strandbar auf. *463 Zi., 280 Vanderbilt Beach Rd., Tel. 239/598-33 00, Fax 598-66 90, www.ritzcarlton.com/resorts/naples, €€€*

FREIZEIT & SPORT

Bootsfahrt
Täglich mit 30 m langen Luxusyachten zu Delphinen und Millionärsresidenzen mit der *Naples Princess*

(Preis ab 25 $, Old Naples Seaport, 1001 10th Ave. S, Tel. 239/649-22 75).

AUSKUNFT

Naples Area Chamber of Commerce
Mo–Sa 9–17 Uhr, 2390 Tamiami Trail N, Tel. 239/262-61 41, Fax 435-99 10, www.napleschamber.org

ZIEL IN DER UMGEBUNG

Corkscrew Swamp Sanctuary [126 B1–2]
Naturschutzgebiet 35 km nördlich von Naples, in dem noch Waldstörche nisten. Ein 3 km langer Rundwanderweg erschließt das Gelände, das mit riesigen Zypressen eine verzauberte Sumpflandschaft birgt. *Tgl. 7–17.30 Uhr, Eintritt 10 $, 25 km nordöstlich der I-75 (Exit 17) an der Route 846*

SANIBEL UND CAPTIVA ISLAND

[126 A1] ★ Bis zu 400 Muschelarten haben Experten hier beim Strandspaziergang schon zählen. 40 Prozent der durch eine Brücke miteinander verbundenen Inseln stehen unter Naturschutz. Die Radwege sind gut ausgebaut, es verkehrt allerdings auch ein Trolleybus. Genießen Sie die relativ leeren Strände. Die schönsten sind *Bowman's Beach* und *Captiva Beach*. Erst seit 1963 erreicht man die Inseln per Auto und über eine gebührenpflichtige Brücke (6 $ pro Auto) von Fort Myers aus.

SEHENSWERTES

J. N. »Ding« Darling National Wildlife Refuge
★ In dem 20 km² großen Naturschutzgebiet auf Sanibel leben 300 Vogelarten in Brackwasserzonen und Mangrovensümpfen, darunter Rosalöffler, Silberreiher, Seeadler und Kormorane. Auch wenn Sie mit dem Auto durch das Gebiet fahren dürfen – es empfiehlt sich, es zu durchwandern oder mit dem Fahrrad zu durchqueren. Einige Wasserwege können Sie mit Kanus befahren. Die beste Zeit, um Tiere zu beobachten, sind die Morgen- und Abendstunden. Kanutouren organisiert *Mark Westall (Tel. 239/472-52 18)*, Kanuverleih bei *Tarpon Bay Marina (Sanibel, Tel. 239/472-89 00). So–Do Sonnenauf- bis Sonnenuntergang, Eintritt 5 $ pro Auto, 1 $ für Fußgänger und Radfahrer, Sanibel-Captiva Rd., www.dingdarlingsociety.org*

ESSEN & TRINKEN

The Bubble Room Restaurant
Alles so schön bunt hier: in allen Kaugummifarben dekoriertes Restaurant. Gute Steaks, raffinierte tropische Salate. *15001 Captiva Dr., Captiva Island, Tel. 239/472-55 58, €–€€*

The Lazy Flamingo
Austern, Muscheln und Shrimps. Beliebt bei Einheimischen. *6520-C Pine Ave., Sanibel, Tel. 239/472-53 53, €*

The Mad Hatter
Erfindungsreiche und gehobene Küche direkt am Strand. *6460 Sanibel-Captiva Rd., Sanibel, Tel. 239/472-00 33, €€*

ÜBERNACHTEN

Ferienwohnungen und -häuser über *Royal Shell Vacations (1200 Periwinkle Way, Sanibel, Tel. 239/472-91 11, Fax 472-10 33, www.royalshell.com)*

Kona Kai Motel
Der Strand ist zu Fuß oder per Fahrrad erreichbar. Rustikal. *14 Zi., 1539 Periwinkle Way, Sanibel, Tel. 239/472-10 01, Fax 472-25 54, www.konakaimotel.com,* €–€€

South Seas Plantation
Luxusresort im Norden von Captiva mit Bootshafen, 21 Tennisplätzen, 18 Swimmingpools und einem Golfplatz mit neun Löchern. Zudem fünf Restaurants und Programme für Kinder. *670 Zi. und Villen, 5400 Plantation Rd., Captiva, Tel. 239/472-51 11, Fax 472-75 41, www.south-seas-resort.com,* €€€

'Tween Waters Inn
Hat den Charme eines Sommercamps mit Swimmingpool und Bar. Schön: die Zimmer im neuen Gebäude mit Blick aufs Wasser. *136 Zi., 15951 Captiva Rd., Captiva, Tel. 239/472-51 61, Fax 472-02 49, www.tweenwaters.com,* €€–€€€

FREIZEIT & SPORT

Fahrräder
Das Fortbewegungsmittel Nummer eins auf den Inseln finden Sie bei *Finnimores Cycle (2353 Periwinkle Way, Sanibel, Tel. 239/472-55 77, www.finnimores.com).*

Muschelsuche
Fahrten zur Muschelsuche *(shelling),* darunter nach ★ *Cayo Costa* und *Cabbage Key,* unternimmt *Captain Mike Fuery (Tel. 239/466-36 49, www.sanibel-online.com/fuery).*

AUSKUNFT

Sanibel-Captiva Chamber of Commerce
Mo–Sa 9–19, So 10–17 Uhr, 1159 Causeway Rd., Sanibel, Tel. 239/

Castles und Käuze

Reiche Männer und ihre extravaganten Vorstellungen vom Wohnen

Floridas Pioniere hatten einen ausgefallenen Geschmack: Henry Flagler schenkte seiner dritten Ehefrau 1902 zur Hochzeit *Whitehall* in Palm Beach mit 55 (!) Zimmern und fuhr mit dem eigens gefertigten Pullmaneisenbahnwaggon vor. John D. Rockefeller kaufte sich 1912 *The Casements,* einen vergleichsweise bescheidenen Holzpalast mit 12 Schlafzimmern, weil ihm das benachbarte Ormond Beach Hotel mehr Geld abnahm als anderen Gästen. Und John Nicholas Ringling, Sohn eines deutschen Ledermachers, legte seiner Frau Mable die dem Dogenpalast in Venedig nachempfundene *Cà d'Zan* in Sarasota zu Füßen – dazu baute er ihr gleich ein ganzes Shoppingzentrum am St. Armand's Circle.

472-10 80, Fax 472-10 70, www.sanibel-captiva.org

SARASOTA

[123 E5] Der spanische Seefahrer Hernando de Soto brachte Sarasota 1539 auf die Landkarte. Doch erst John Ringling, der Gründer von *Barnum & Bailey*, dem größten Zirkus der Welt, machte die Stadt (52 000 Ew.) südlich von St. Petersburg berühmt. Hier baute er 1926 seinen Wintersitz *Cà d'Zan* und mit Hilfe von Elefanten auch Brücken, Hotels, ein Theater sowie ein Museum.

Der 50 km lange Strand auf den vorgelagerten Inseln *Siesta Key, Lido Key, Longboat Key* und *Anna Maria* gehört zu den schönsten Floridas. Auf *Lido Key* bietet zudem *St. Armand's Circle* exquisite Geschäfte. Vom Konsumrausch erholen können Sie sich im tropischen Paradies des *South Lido Park* direkt am Wasser.

Cà d'Zan: früher Wintersitz des Zirkuskönigs John Ringling, heute Museum

MUSEUM

Ringling Museum of Art/ Cà d'Zan

★ Zu besichtigen sind der Palast des berühmten Zirkusgründers und dessen Kunstsammlung mit Werken von Peter P. Rubens, Diego Velazquez und El Greco sowie Erinnerungsstücke aus den Anfangsjahren des Zirkus. *Tgl. 10–17.30 Uhr, Eintritt 15 $, Kunstgalerie Sa frei, 5401 Bayshore Rd. (westlich von der US 41), www.ringling.org*

ESSEN & TRINKEN

The Beach Bistro

Direkt am Strand. Frischer Fisch, gute Steaks – und gratis dazu schöne Sonnenuntergänge. *6600 Gulf Dr. N, Holmes Beach, Tel. 941/778-64 44,* €€€

Café l'Europe

Hier trifft sich ganz Sarasota. *431 St. Armand's Circle, Tel. 941/388-44 15,* €€

Pattigeorge's

Mix aus US-, lateinamerikanischer und karibischer Küche. Mit Blick auf Sarasota Bay. *4120 Gulf of Mexico Dr., Longboat Key, Tel. 941/383-51 11,* €€€

ÜBERNACHTEN

Infos über Ferienwohnungen und -häuser bei *Florida Vacation Accomo-*

dations (4030 Gulf of Mexico Dr., Longboat Key, Tel. 941/364-95 05, www.vacationinfl.com).

Colony Beach & Tennis Resort
Eines der besten Tennishotels der Welt mit 21 Tennisplätzen. Gut ausgestattetes Fitnesscenter. *235 Suiten, 1620 Gulf of Mexico Dr., Longboat Key, Tel. 941/383-64 64, Fax 383-75 49, www.colonyresort.com,* **€€€**

Flamingo Colony Motel
Saubere, geräumige Zimmer. Restaurant, Pool. *28 Zi., 4703 N Tamiani Trail, Tel. 941/355-51 35, Fax 359-35 14,* **€**

The Helmsley Sandcastle Hotel
Schönes Strandresort auf Lido Key, unweit Armand's Circle. Große Zimmer, zwei Restaurants. Pool, Bar, weißer Strand. *179 Zi., 1540 Ben Franklin Dr., Tel. 941/388-21 81, Fax 388-26 55, www.helmsleysandcastle.com,* **€€**

Sunset Terrace
Solide Bleibe im guten, alten Motelstil, mit Kitchenettes und Pool. Acht Minuten zum Strand, zehn Minuten ins Zentrum. *24 Zi., 4644 Hwy. 41, N Tamiani Trail, Tel. 941/355-84 89,* **€**

AM ABEND

Beach Club
Rockmusik live – viele junge Leute. *5151 Ocean Blvd., Siesta Key, Tel. 941/349-16 36*

Sandbar
Traumhafte Sonnenuntergänge. *100 Spring Ave., Anna Maria, Tel. 941/778-04 44*

AUSKUNFT

Sarasota Chamber of Commerce
Mo–Fr 9.30–16 Uhr, 945 Fruitville Rd., Tel. 941/955-81 87, Fax 366-56 21, www.sarasotachamber.org

TAMPA UND ST. PETERSBURG

[123 E3–4] Kubanische Zigarrendreher, griechische Schwammtaucher, Eisenbahnen, Touristen, der Hafen und zwei große Brauereien – sie alle machten aus dem Armeeposten *Tampa* eine Metropole. Zusammen mit den umliegenden Resortstädten wie *St. Petersburg* und *Clearwater* leben hier 2 Mio. Menschen. Nachts sollten Sie das leere Stadtzentrum meiden. Doch die meisten Urlauber fahren ohnehin direkt zum hotelbespickten Feriengebiet. Es erstreckt sich über 40 km auf den vorgelagerten Inseln von *St. Pete Beach* bis *Tarpon Springs.*

SEHENSWERTES

Busch Gardens Tampa
★ Wie in Afrika im 19. Jh.: Safaripark und Stromschnellen. Neben vielen wilden Tieren auch mehrere Achterbahnen, darunter *Sheikra,* der mit 90 Grad (!) steilste Dive Coaster der Welt. *Tgl. ca. 9–21 Uhr, Eintritt 55 $, 3000 Busch Blvd., Tampa, www.buschgardens.com*

MUSEUM

Salvador Dalí Museum
Größte Sammlung des spanischen Surrealisten außerhalb Spaniens mit

Busch Gardens Tampa: Mix aus Freizeitpark und außergewöhnlichem Zoo

über 90 Ölgemälden. *Mo–Sa 9.30 bis 17.30, So 12–17.30 Uhr, Eintritt 14 $, 1000 3rd St. S, St. Petersburg, www.salvadordalimuseum.org*

ESSEN & TRINKEN

Insider Tipp

Bern's Steak House
Beste Steaks und eigener Weinkeller. *1208 S Howard Ave., Tampa, Tel. 813/251-24 21, €€€*

Columbia
Spanisches Restaurant mitten in *Ybor City.* Täglich Flamenco. *2117 E 7th Ave., Tampa, Tel. 813/248-4961, €€*

The Lobster Pot
Ganz frischer Hummer. *17814 Gulf Blvd., Reddington Shores, St. Petersburg, Tel. 727/391-85 92, €€*

EINKAUFEN

Bei *Tampa Rico Cigars* am *Ybor Square* werden Zigarren noch von Hand gerollt. Der Tabak stammt wegen eines US-Handelsembargos nicht aus Kuba, sondern aus Mittelamerika.

ÜBERNACHTEN

Infos über Ferienwohnungen und -häuser bei *Resort Rentals (9524 Blind Pass Rd., St. Pete Beach, Tel. 727/363-33 36, Fax 360-50 86, www.resortrentals.us)*

Don CeSar
1920er-Jahre-Grandhotel mit Pool und herrlichem Blick auf den Sonnenuntergang über dem Golf von Mexiko. Ein 27-Löcher-Golfplatz ist in der Nähe. *277 Zi., 3400 Gulf Blvd., St. Pete Beach, Tel. 727/360-18 81, Fax 367-69 52, www.doncesar.com, €€€*

AUSKUNFT

St. Petersburg Chamber of Commerce Visitors Centre
Mo–Fr 8–17, Sa 9–15, So 12–15 Uhr, 100 2nd Ave. N, St. Petersburg, Tel. 727/821-40 69, Fax 895-63 26, www.stpete.com

Das andere Florida

Im Nordwesten herrscht das gemütliche Lebensgefühl der guten alten Zeit

Das »andere Florida« kennen die wenigsten Europäer. Fern vom Rummel hat diese pfannenstielförmige Region (daher der Name *Panhandle)* dank ihrer Südstaatenarchitektur und ihrem langsameren, wertkonservativen Lebensgefühl viel mit den nördlich anschließenden Nachbarn gemein. Im Sommer überfluten diese die hiesigen, feinsandigen Strände, die deswegen als *Redneck Riviera* bekannt sind. Im Frühjahr und Herbst jedoch können Sie zu attraktiven Preisen (und Temperaturen) Häuser und Eigentumswohnungen direkt am Strand mieten. So gilt die *St. Andrews Recreation Area* (nordwestlich von Panama City) als bester US-Strand. Der *St. George Island State Park* und der *St. Joseph Peninsula State Park* an der Südspitze des Panhandle folgen auf Platz 4 und 5 in den Top Ten.

DESTIN

[118 C2] Seit 1730 ist Destin (11 100 Ew.) ein Fischfangzentrum mit jährlichem *Fishing Rodeo* und *Seafood Festival.* Auch Sportfischer finden garantiert reiche Beute. Östlich von Destin liegen herrliche Strände.

Behaglichkeit statt palmengesäumten Glitzerlebens

Für ein Schwätzchen ist immer Zeit

MUSEUM

Destin Fishing Museum
Interessante historische Fotos, Furcht einflößende Angelhaken und kapitale Trophäen erklären den Ruf Destins als *World's Luckiest Fishing Village. Mo–Sa 11–16 Uhr, Eintritt 2 $, 20009 Emerald Coast Parkway*

ESSEN & TRINKEN

Marina Café
Genießen Sie Sushi, Seafood und Steaks mit Blick auf den Hafen. *404 Hwy. 98 E, Tel. 850/837-79 60,* €–€€

EINKAUFEN

Silver Sands Factory Outlets
Designerware zu Schnäppchenpreisen, von Donna Karan bis Brooks Brothers. *Hwy. 98 E*

Besser als ihr Ruf: Sonnenbaden an der »Redneck-Riviera«

ÜBERNACHTEN

Sandestin Beach Resort
Schöne Anlage auf einer Halbinsel, umgeben von Dünen. Vier Restaurants, drei Golfplätze, 14 Tennisplätze und 14 Pools. *600 Apartments/Villen, 9300 Hwy. 98 W, Tel. 850/267-81 50, Fax 267-82 22, www.sandestin.com,* €€–€€€

ZIEL IN DER UMGEBUNG

Fort Walton Beach **[118 C2]**
Das 7 km entfernte Fort Walton Beach ist Standort des größten, vom Hwy. 98 aus jedoch nicht zu sehenden Luftwaffenstützpunkts des Landes, der *Eglin Air Force Base.* Neben den breiten weißen Stränden reizt ein Besuch des *Gulfarium* mit seinem 220 000-Liter-Tank, in dem das Leben auf dem Meeresboden simuliert wird *(tgl. 9–16, Sommer 9–20 Uhr, Eintritt 17,50 $, 1010 Miracle Strip Parkway, Fort Walton Beach, www. gulfarium.com).*

PANAMA CITY BEACH

[119 D–E3] Ferienort (7600 Ew.) voller Hotels und Apartmenthäuser. Die beiden langen Piers sind gute Standorte, das Treiben am Wasser zu beobachten. Die *St. Andrews State Recreation Area* im Osten ist ein 5 km² großes Strandareal, durch das sich Kiefernwälder, Sümpfe und Wanderwege ziehen. Eine Fähre setzt nach *Shell Island* über, wo Sie seltene Muscheln finden können. Auch der einsame Sandstrand von *St. George Island* bei Apalachicola ist ein schönes Reiseziel.

Insider Tipp

ESSEN & TRINKEN

Captain Anderson's
Direkt am Wasser. Seafood frisch vom Markt. Auch Steaks und Sandwiches. *5551 N Lagoon Dr., Tel. 850/234-22 25,* €€€

ÜBERNACHTEN

Edgewater Beach Resort
Hotelkomplex mit Golfplatz, Tennisanlage, Poollagune. *510 Apartments/Villen, 11212 Front Beach Rd., Tel. 850/235-40 44, Fax 235-68 99, www.edgewaterbeachresort.com, €€–€€€*

Flamingo Motel & Tower
Große, freundliche Herberge am Beach, mit Pool und tropischem Garten. *80 Zi., 15525 Front Beach Rd., Tel. 850/234-22 32, www.flamingomotel.com, €–€€*

STRÄNDE

Strände
Zu den schönsten gehören *Grayton Beach (State Route 30 A), St. Andrews (State Route 392)* und *St. Joseph State Park (County Rd. 30 E).*

AM ABEND

An der Strandpromenade *(Beach St./Thomas Dr.)* feiern Studenten und Touristen im *Spinnaker* und im *Club La Vela,* einem der größten Nachtclubs der USA.

AUSKUNFT

Panama City Beach Chamber of Commerce
Tgl. 8–17 Uhr, 415 Beckrich Rd., Suite 200, Tel. 850/235-11 59, Fax 235-23 01, www.pcbeach.org

ZIEL IN DER UMGEBUNG

Apalachicola **[119 F4]**
★ Hier, wo der Panhandle am ursprünglichsten ist, werden die berühmten Austern gleichen Namens gezüchtet. An der Route 98 nach Südosten kommen sie in etlichen Restaurants ganz frisch auf den Tisch (gut: *Boss Oyster House, 125 Water St., Tel. 850/653-93 64, €).* Insider Tipp Der schönste Strand liegt im *St. George Island State Park (Eintritt 4 $ pro Auto).* Apalachicolas hübsch renoviertes Renommierhotel heißt *Gibson Inn* – mit gutem Restaurant *(30 Zi., 51 Ave. C, Tel. 850/653-21 91, Fax 653-35 21, www.gibsoninn.com, €€).* Ferienhäuser auf *St. George Island* vermietet *Collins Vacation Rentals (60 East Gulf Beach Dr., St. George Island, Tel. 850/927-29 00, Fax 927-39 99, www.collinsvacationrentals.com).*

MARCO POLO Highlights »Panhandle«

★ **Apalachicola**
Die Austernmetropole schlechthin (Seite 69)

★ **Perdido Key und Santa Rosa Island**
Alabasterfarbene Quarzsandstrände (Seite 70)

★ **Seaside**
Familienferien in perfektem Ambiente (Seite 70)

★ **Wakulla Springs**
Tierschutzgebiet mit Alligatoren zum Sattsehen (Seite 71)

PENSACOLA

[118 A2] Die 1698 von Spaniern gegründete Hafenstadt (58 000 Ew.) trägt den Beinamen *City of Five Flags*, weil sie bereits unter mindestens fünf verschiedenen Herrschaftsflaggen stand. Beliebt sind die Sandstrände der vorgelagerten Inseln.

SEHENSWERTES

Historic Pensacola Village

Häuser und Museen mit 200 Jahren Geschichte im historischen *Sevilla District (Mo–Fr 10–16 Uhr, Eintritt 6 $, 205 E Zaragoza St.)*. Das Eintrittsticket gilt auch für das *T. T. Wentworth Jr. Florida State Museum* mit 150 000 Ausstellungsstücken aus Floridas Geschichte *(Mo bis Fr 10–16 Uhr, 803 S Jefferson St.)*.

ESSEN & TRINKEN

Jamie's

Das Ambiente eines alten Plantagenhauses. Feine französische und Cajun-Küche, gute Weine. *424 E Zaragoza St., Tel. 850/434-29 11,* €€

ÜBERNACHTEN

New World Landing

Die 15 Räume halten Verbindung zu Pensacolas Vergangenheit als Hafenstadt. *600 S Palafox St., Tel. 850/432-41 11, Fax 432-68 36, www.newworldlanding.com,* €–€€

FREIZEIT & SPORT

Golf

Zu den besten Plätzen gehören *Marcus Point (2500 Oak Point Dr., Tel. 850/484-97 70)* und *The Sportsman Golf Resort (1 Doug Ford Dr., Tel. 850/492-12 23)*.

Strände

Viele Besucher kommen wegen der endlosen Sandstrände auf den der Stadt vorgelagerten Inseln ★ *Perdido Key* und *Santa Rosa Island* mit *Fort Pickens*, dem westlichen Ende der Insel, sowie *Eastern Perdido Key*. Der feine Sand besteht zu 99 Prozent aus Quarzkristallen und hat darum die Farbe von Alabaster.

AUSKUNFT

Pensacola Visitors Center

Tgl. 8–17 Uhr, 1401 Gregory St. E, Tel. 850/434-12 34, Fax 432-82 11, www.visitpensacola.com

SEASIDE

[119 D3] ★ Hübsches Feriendorf (1000 Ew.) vom Reißbrett. Von den 350 Häusern sind 280 zu mieten, die meisten direkt am weißen Strand. 85 Prozent des Kinohits »Truman Show« wurden hier gedreht. An der Strandpromenade und am *Central Square* finden Sie viele nette Restaurants und Shops.

Noch völlig unentdeckt und der Gegenpart zu Seaside ist das benachbarte, historisch gewachsene Dörfchen *Grayton Beach* mit seinen hübschen Galerien und dem breiten, hellen Quarzsandstrand.

ESSEN & TRINKEN

Bud & Alley's

Steak, Fisch und Pasta am, Strand mit Sonnenuntergang. *County Rd. 30 A, Santa Rosa Beach, Tel. 850/231-59 00,* €€

Criolla's
Raffinierte kreolische Küche. *170 E Hwy. 30 A, Santa Rosa Beach, Tel. 850/267-12 67,* €€€

ÜBERNACHTEN

Insider Tipp
Infos über Ferienwohnungen und -häuser – auch in Grayton Beach – bei *Rivard Vacation Rentals (15 Pine St., Santa Rosa Beach, Tel. 850/231-44 46, Fax 231-19 09, www.rivardnet.com)*

Seaside Cottages and Dreamland Heights Hotel
Besonders schön: die *Honeymoon Cottages* am Strand. *250 Cottages, County Rd. 30 A, Seaside, Tel. 850/231-42 24, Fax 231-23 73, www.seasidefl.com,* €€–€€€

AUSKUNFT

South Walton Tourist Information
Tgl. 8–18 Uhr, 25777 Hwy. 331 S, Santa Rosa Beach, Tel. 850/267-12 16, Fax 267-39 43

TALLAHASSEE

[120 B2–3] 1823 als Hauptstadt gegründet, liegt das behäbig wirkende Tallahassee (150 000 Ew.) zwischen sanften grünen Hügeln. Viele Straßen, die so genannten *canopy roads*, sind mit Eichen und Azaleen fast überwachsen.

MUSEUM

Black Archives Research Center and Museum
Geschichte der Schwarzen Floridas von der spanischen Kolonialzeit bis heute. *Mo–Fr 9–16 Uhr, Eintritt frei, Union Bank, Gamble St.*

ESSEN & TRINKEN

Po' Boys Creole Café
Reisgerichte wie Jambalaya, Muffuletta-Sandwiches und andere exotische Genüsse aus New Orleans: Hier wird kreolisch-scharf gekocht. *224 E College Ave., Tel. 850/224-54 00,* €

Silver Slipper
Beim Steak treffen sich hier die Politiker. *531 Silver Slipper, Tel. 850/386-93 66,* €€

ÜBERNACHTEN

Cabot Lodge Tallahassee
Motel mit Südstaatencharme. *160 Zi., 2735 N Monroe St., Tel. 850/386-75 00, Fax 386-42 54, www.cabotlodge.com,* €

AUSKUNFT

Tallahassee Convention and Visitors Bureau
Mo–Fr 8–17, Sa 9–13 Uhr, 106 E Jefferson St., Tel. 850/413-92 00, Fax 487-46 21, www.seetallahassee.com

ZIEL IN DER UMGEBUNG

Wakulla Springs **[120 B3]**
★ 30 km südlich liegt im Wald eine der stärksten Karstquellen Floridas, Drehort für Filme wie »Tarzan«. Wanderwege führen durch das Tier- und Vogelschutzgebiet. Insider Tipp Historisches Hotel mit elegantem Restaurant: *Wakulla Springs Lodge (27 Zi., 550 Wakulla Park Dr., Tel. 850/224-59 50, Fax 561-72 51,* €*)*

Von mondän bis zukunftsweisend

Eine 560 km lange Küste mit Natur, Technik und Geschichte im Kontrastprogramm

Mit der Eisenbahn kam die erste Generation von Feriengästen, auf der Autobahn folgte die nächste. Der Ansturm genügte, um zwischen der Industriestadt Jacksonville im Norden und Miami im Süden Ferienorte entstehen zu lassen, die sich wie Perlen an einer Schnur aufreihen. Es gibt mondäne wie Palm Beach und schlichte wie Melbourne, geschichtsträchtige wie St. Augustine, der Zukunft verpflichtete wie Cape Canaveral und trubelige wie Daytona Beach.

Astronaut im Kennedy Space Center

AMELIA ISLAND

[122 B2] Die nördlichste Insel Floridas ist ein Refugium für Zugvögel und Urlauber. In *Fernandina Beach* (10 600 Ew.) zeugen viele viktorianische Gebäude von der großen Zeit der Garnelenfischerei. Die Insel besitzt auch herrliche Sandstrände mit bis zu 12 m hohen Dünen.

ESSEN & TRINKEN

Beech Street Grill
Ideenreich zubereiteter Fisch in einem altem Plantagenhaus. *801 Beech St., Fernandina Beach, Tel. 904/277-36 62,* **€€–€€€**

Palace Saloon
Älteste Kneipe Floridas, 1878 von Seeleuten und Piraten gebaut. *117 Centre St., Tel. 904/491-33 32,* **€**

ÜBERNACHTEN

Ferienwohnungen und -häuser über *ERA Fernandina Beach Realty (2057 S Fletcher Ave., Fernandina Beach, Tel. 904/261-40 11, Fax 261-67 68, www.amalia-eva.com).*

Amelia Island Plantation
Luxus für Sportler: Golf (54 Löcher), Tennis (23 Plätze) und erstklassiges Restaurant. *1000 Zi., 3000 1st Coast Hwy. (A1A S), Tel. 904/261-61 61, Fax 277-51 59, www.aipfl.com,* **€€€**

Blick über Fort Lauderdale

Hoch zu Ross am 20 km langen Badestrand von Amelia Island

Insider Tipp **Elizabeth Pointe Lodge**
Schönes B & B am Strand im neuenglischen Stil. Beste Terasse in Florida. *25 Zi., 98 S Fletcher Ave., Fernandina Beach, Tel. 904/277-48 51, Fax 277-65 00, www.elizabethpointelodge.com,* €€–€€€

AUSKUNFT

Fernandina Beach Chamber of Commerce
Mo–Sa 11–16, So 12–16 Uhr, 102 Center St., Fernandina Beach, Tel. 904/261-32 48, Fax 261-69 97, www.islandchamber.com

BOCA RATON

[127 F2] Mondäner Ort (75 000 Ew.) mit interessanter Architektur. 1920 von Addison Mizner als Musterort für seinen neomediterranen Stil erbaut. Das Wohnviertel *Old Floresta* entwarf er komplett am Reißbrett.

MUSEUM

Boca Raton Museum of Art
Dank spendabler Mäzene aus Boca Raton besitzt das kleine Kunstmuseum 4000 herausragende Exponate, darunter Werke von Pablo Picasso, Paul Klee und George Braques. *Di–Fr 10–17, Mi 10–21, Sa–So 12–17 Uhr, Eintritt 8 $, 501 Plaza Real, www.bocamuseum.org*

ESSEN & TRINKEN

Mark's at the Park
Feine mediterrane Küche in lebhaftem Ambiente. *344 Plaza Real, Mizner Park, Tel. 561/395-07 70, www.chefmark.com,* €€–€€€

ÜBERNACHTEN

Boca Raton Resort & Club
Pinkfarbener Hotelpalast von Mizner. 40 Tennisplätze, Golfplätze, Hotelstrand, Bootshafen und drei

Pools. *963 Zi., 501 E Camino Real, Tel. 561/447-30 00, Fax 447-31 83, www.bocaresort.com,* **€€–€€€**

Inn at Boca Teeca
Gehobenes Motel direkt am Golfplatz (27 Löcher, Hotelgäste dürfen spielen). 46 kleine renovierte Zimmer. *5800 NW 2nd Ave., Tel. 561/994-04 00, Fax 998-82 79,* **€**

AUSKUNFT

Greater Boca Raton Chamber of Commerce
Mo–Do 8.30–17, Fr 8.30–16 Uhr, 1800 N Dixie Hwy., Tel. 561/395-44 33, Fax 392-37 80, www.bocaratonchamber.com

CAPE CANAVERAL

[125 D2] ★ Am berühmten Raketenbahnhof auf der gleichnamigen Insel vor Titusville öffnet Florida das Tor zur Zukunft. Hier heben Satelliten und Raumfähren der Nasa mit Dampf in den Himmel ab.

SEHENSWERTES

Kennedy Space Center
Schon das Eingangsgebäude präsentiert sich als Raumstation. Hier erhalten Sie Tickets für die *Kennedy Space Center Bus Tour* zum gigantischen *Assembly Building,* wo die Raumfähren montiert werden, zur *Abschussbasis LC 39,* zum *Apollo and Saturn Center* und zum *International Space Station Center,* in dem Sie durch eine Raumfähre spazieren und Nasatechnikern bei der Arbeit zusehen. Der Großleinwandfilm »The Dream is Alive« (gibts auch auf Deutsch) wurde zum Teil von Astronauten im All gedreht. *Tgl. 9–18 Uhr, Touren 17 $, Visitors Complex Route 405 (via Nasa Causeway), www.kennedyspacecenter.com, Abschussdaten Tel. 321/449-44 44*

Merritt Island National Wildlife Refuge
Der an das Raketengelände angrenzende Naturpark besitzt eine sehr große Artenvielfalt, insbesondere zahlreiche geschützte Vögel wie die

MARCO POLO Highlights »Die Ostküste«

★ **Cape Canaveral**
Raumfahrtzentrum neben Naturschutzreservat (Seite 75)

★ **Ron Jon's Surf Shop**
Surferkaufhaus in Cocoa Beach (Seite 76)

★ **Daytona Beach**
Mit dem Auto über den Strand cruisen (Seite 76)

★ **Palm Beach Bicycle Trail**
Feudale Villen per Fahrrad entdecken (Seite 80)

★ **St. Augustine**
Die erste von Europäern gegründete Stadt in Nordamerika (Seite 81)

★ **Sawgrass Country Club**
Golf im Paradies der Profispieler (Seite 81)

gefährdeten Waldstörche und die Zugtriller. Kamera mitnehmen! *Mo–Fr 8–16.30, Sa/So 9–17 Uhr, Kennedy Space Center, Route 402*

ESSEN & TRINKEN

Bernard's Surf
Seit den 1960er-Jahren das beste Seafood, die besten Cocktails. *2 S Atlantic Ave., Cocoa Beach, Tel. 321/783-24 01, €€*

EINKAUFEN

Ron Jon's Surf Shop
★ Populärer Konsumtempel für Strandläufer und Wassersportler. *4151 N Route A1A, Cocoa Beach, www.ronjons.com*

ÜBERNACHTEN

The Inn at Cocoa Beach
Hübsch-altmodisches Strandhotel. *50 Zi., 4300 Ocean Beach Blvd., Cocoa Beach, Tel. 321/799-34 60, Fax 784-86 32, www.theinnatcocoa beach.com, €€–€€€*

FREIZEIT & SPORT

Ideal für Wanderer und Sonnenhungrige ist der *Canaveral National Seashore* mit den Naturstränden *Playalinda Beach* und *Klondike Beach (von Titusville via Route 406)* sowie *Apollo Beach (von New Smyrna Beach via Route A1A).*

AUSKUNFT

Cocoa Beach Chamber of Commerce
Mo–Fr 8.30–17 Uhr, 400 Fortenberry Rd., Merritt Island, Tel. 321/459-22 00, www.cocoabeach chamber.com

DAYTONA BEACH

122 C5] ★ Der betonharte, 35 km lange Strand von Daytona Beach (65 000 Ew.) kann auch von Autos befahren werden *(Feb.–Nov. Eintritt 5 $ pro Auto)*. Die Tradition begann in den 1920er-Jahren. Früher fanden hier sogar Rennen statt.

Für Auto- und Motorfans ist Daytona Beach die erste Adresse

Heute besitzt die Stadt neben dem *Daytona International Speedway* noch ein weiteres Markenzeichen: *Spring Break.* Das traditionsreiche jährliche Studententreffen im März – angeblich die wildeste Party der Welt – ist ein riesiges Strandfestival, zu dem nicht nur Studenten, sondern auch viele Motorradfans anrücken.

SEHENSWERTES

Daytona USA
Gleich neben dem 150 000 Plätze umfassenden *International Speedway* für das jährlich stattfindende Stockcarrennen *Daytona 500* liegt das interaktive Museum *Daytona USA.* Es ist ein Spielplatz für Autonarren mit Rennsimulatoren, Imax-Kino und Souvenirs aus der amerikanischen Motorsportgeschichte. *Tgl. 9–19 Uhr, Eintritt 14 $, 1801 W International Speedway Blvd., www.daytonausa.com*

ESSEN & TRINKEN

Aunt Catfish's on the River
Frischer Fisch (u. a. Katzenwels und Krebse) direkt am Intracoastal Waterway. *4009 Halifax Dr., Port Orange, Tel. 386/253-17 96,* €

EINKAUFEN

Insider Tipp **Daytona Flea Market**
Riesiger Flohmarkt und unerschöpfliche Fundgrube mit mehr als bloßem Trödel. *Fr–So 8–17 Uhr, 2987 Bellevue Ave.*

ÜBERNACHTEN

Die Hotels an der Strandpromenade bieten über 16 000 Betten in Hotels, Motels und B & Bs. Bei der Suche hilft die *Chamber of Commerce.*

AUSKUNFT

Daytona Beach Area Chamber of Commerce
Mo–Fr 8–17 Uhr, 126 E Orange Ave., Tel. 386/255-09 81, www.daytonachamber.com

FORT LAUDERDALE

[127 E–F2] Wegen der vielen Kanäle und Flussarme wird Fort Lauderdale (153 000 Ew.) – Rentnerrefugium und Partytown der Studenten – oft mit Venedig verglichen. Boote sollten Sie dem Auto vorziehen – ob als Wassertaxi *(Tel. 954/467-66 77)* oder zum Sightseeing: So kreuzt die *Jungle Queen* vor den Villen der *Millionaire's Row (ab Mahia Mar Docks, Preis 13,95 $, Tel. 954/462-55 96).* Einen schönen Blick haben Sie auch vom Drehrestaurant *Pier Top Lounge* im 17. Stock des *Hyatt Regency Pier 66 (2301 SE 17th St.).* Zu Fuß lassen sich die *Ocean Promenade,* die noble Einkaufsstraße *Las Olas Blvd.* und der *Riverwalk* auf der Nordseite des New River erkunden.

MUSEUM

Museum of Discovery and Science
Von den Ökosystemen Floridas bis hin zu Weltraumsimulationen: Diese für kleine und große Kinder konzipierte Ausstellung ist das beste Museum zum Anfassen in ganz Florida. *Mo–Sa 10–17, So 12–18 Uhr, Eintritt 14 $, 401 SW 2nd St., www.mods.org*

ESSEN & TRINKEN

Boulevard Café
Bistro-Flair: neue amerikanische Küche mit eklektischen Rezepten. *1301 E Las Olas Blvd., Tel. 954/467-32 66,* €€

EINKAUFEN

Sawgrass Mills
270 Outlet- und Discountershops in einer der größten Shoppingmalls Floridas. *Mo–Sa 10–21.30, So 11–20 Uhr, 12801 W Sunrise Blvd.*

ÜBERNACHTEN

La Casa Del Mar
B & B mit Pool in Strandnähe. *10 Zi., 3003 Granada St., Tel. 954/467-20 37, Fax 525-96 48, www.lacasadelmar.com,* €–€€

Ireland's Inn Beach Resort
Schönes Strandhotel mit großen Zimmern nahe dem Flughafen. *75 Zi., 2220 N Atlantic Blvd., Tel. 954/565-66 61, Fax 565-8893, www.irelands.com,* €–€€

AUSKUNFT

Greater Fort Lauderdale Convention and Visitors Center
Mo–Fr 8.30–17 Uhr, 100 E Broward Blvd., Suite 200, Fort Lauderdale, Tel. 954/765-44 66, Fax 765-44 67, www.sunny.org

JACKSONVILLE

[122 A3] Jacksonville liegt an der Mündung des St. John's River und ist ein wichtiger Umschlagplatz für Holz und Kaffee. Drei verschiedenfarbige Brücken verbinden die touristisch interessanten Uferbereiche. Trotz moderner Hafenanlagen besitzt Jacksonville (740 000 Ew.) ein charmantes Südstaatenflair.

SEHENSWERTES

Fort Caroline National Memorial
Die Rekonstruktion eines französischen Forts des 16. Jhs. beherbergt heute ein kleines Museum. *Tgl. 9–16.45 Uhr, 12713 Fort Caroline Rd., www.ups.gov/foca/*

ESSEN & TRINKEN

Homestead Insider Tipp
Gutes Restaurant mit Südstaatenküche. *1712 Beach Blvd., Jacksonville Beach, Tel. 904/249-52 40,* €

ÜBERNACHTEN

Sea Turtle Inn
Sandfarbenes Strandhotel mit Pool nicht weit vom Nachtleben. Im Restaurant *Plantains* wird karibisch gekocht. *193 Zi., 1 Ocean Blvd., Atlantic Beach, Tel. 904/249-11 19, Fax 247-15 17, www.seaturtle.com,* €€

AUSKUNFT

Jacksonville and the Beaches Convention and Visitors Bureau
Mo–Fr 8–17 Uhr, 201 E Adams St., Tel. 904/798-91 11, Fax 798-91 03, www.jaxcvb.cvb.com

PALM BEACH

[125 F6] 1894 gründete Henry Flagler Palm Beach (10 500 Ew.) als Winterferienort für reiche Nordstaatler. Vornehme Exklusivität gewährleisten bis heute drei Brücken, über die der Ort zu erreichen ist. Am *Ocean Blvd.* bekommen Sie einen guten Eindruck von den grandiosen Häusern, zu denen auch der weitläufige 140-Zimmer-Palast *Mar-A-Lago* gehört, heute im Besitz des New Yorker Baulöwen Donald Trump. Zum Renommee des Luxusorts tragen rund 150 Golfplätze bei (viele nur für Mitglieder) und der *Palm Beach Polo & Country Club (13420 S Shore Blvd., West Palm Beach, Tel. 561/793-14 40)*, auf dessen Benefizveranstaltungen so viel Geld gespendet wird wie Normalbürger in einem Jahr verdienen.

MUSEUM

Whitehall
Ursprünglich das Privathaus von Henry Flaglers dritter Frau, Mary Lily Kenan, bietet die große Villa einen Einblick in den Alltag von Floridas einflussreichstem Unternehmer. Ausstellungen illustrieren die Bedeutung der Eisenbahn für die Entwicklung des Staats. *Di–Sa 10–17, So 12–17 Uhr, Eintritt 10 $, One Whitehall Way, www.flagler.org*

ESSEN & TRINKEN

Charley's Crab
Super Auswahl an frischem Fisch. Blick aufs Meer. *456 S Ocean Blvd., Tel. 561/659-15 00,* **€€**

EINKAUFEN

In den von Addison Mizner entworfenen Arkaden entlang der *Worth Ave.* liegen schicke Designerläden und Szenebistros *(z. B. Renato's, 87 Via Mizner)*. Insider Tipp Mehr Shops und edle Kneipen am *Royal Poinciana Way.*

ÜBERNACHTEN

Best Western Seaspray Inn
Direkt am Meer gelegenes Motel. *50 Zi., 123 S Ocean Ave.,*

Palm Beach – Glanz und Glamour mit einer Prise Exotik

Addison Mizner

Der Architekt von Camelot

Charakterlose Gebäude waren Addison Mizner (1872–1933) ein Gräuel. 1918 kam der Mittelalterfan und Architekt, der selbst keinen Entwurf zeichnen konnte, in Palm Beach an und kreierte den *Mediterranean Revival Style.* Seine meist pinkfarbenen Häuser, märchenhafte Villen mit L-förmigen Balkonen, maurisch angehauchten Arkaden und unregelmäßigen Dachziegelreihen, wurden ein Verkaufsschlager und inspirieren amerikanische Architekten bis heute. Repräsentative Mizner-Gebäude in Palm Beach sind *Mizner Court (184 Sunset Ave.)* und in Boca Raton die *Old Town Hall (71 N Federal Hwy.).*

Singer Island, Tel. 561/844-02 33, Fax 844-98 85, www.bestwestern.com, €

The Breakers

Einer der Hotelpaläste von Henry Flagler. Lobby und Restaurants vermitteln das Flair von damals. Zwei Golfplätze, 14 Tennisplätze, vier Pools, Beachclub und angenehmer Beauty-Spa. *569 Zi., 1 S County Rd., Tel. 561/655-66 11, Fax 659-84 03, www.thebreakers.com,* €€€

Hibiscus House

B & B in einem hübschen alten Haus mit tropischem Garten und Pool. *6 Zi., 501 30th St., Tel./Fax 561/863-56 33, www.hibiscushouse.com,* €€

FREIZEIT & SPORT

Palm Beach Bicycle Trail

★ Zur Fahrt auf dem 20 km langen Trail durchs Villenviertel können Sie Räder mieten beim *Palm Beach Bicycle Trail Shop (223 Sunrise Ave., Tel. 561/659-45 83).*

AUSKUNFT

Palm Beach Chamber of Commerce

Mo–Fr 9–17 Uhr, 45 Cocoanut Row, Tel. 561/655-32 82, www.palmbeachchamber.com

ZIEL IN DER UMGEBUNG

Fort Pierce/Port St. Lucie [125 E5]

Nördlich von Palm Beach beginnt die *Treasure Coast,* einer der weniger entwickelten Küstenabschnitte Floridas. Die schönsten Strände liegen um die Hafenstadt *Fort Pierce* (38 000 Ew.) und dem kleineren *Port St. Lucie,* eine Stunde nördlich von Palm Beach. Hier kommen zwischen Mai und August Seeschildkröten zum Eierlegen an den Strand, ein Ereignis, das auf Touren vom *Port St. Lucie County Chamber of Commerce* aus miterlebt werden kann *(1626 SE Port St. Lucie Blvd., Tel. 772/398-14 60).*

Unterkünfte gibt es in *Fort Pierce,* besonders angenehm ist der mit Pool und Garten versehene *Holiday Inn Express (100 Zi., 7151 Okee-*

chobee Rd., Tel. 561/464-50 00, Fax 461-95 73, €€).

Palmenschatten für eine erholsame Siesta.

ST. AUGUSTINE

[122 B4] ★ Die älteste, 1565 von den Spaniern gegründete Stadt der USA (11 700 Ew.) ist dank ihres intakten Stadtbilds von einnehmendem Charme. Die bewegte Geschichte der Stadt mit ihren Kämpfen gegen Indianer, Franzosen und englische Piraten beruhigte sich erst mit der Übernahme Floridas durch die USA. Die ersten Touristen kamen gegen Ende des 19. Jhs. Vor allem Europäer mögen das koloniale, mit ständigen Verschönerungsprogrammen gepflegte Ambiente.

SEHENSWERTES

Castillo de San Marco

Von den Zinnen der großen, 1695 vollendeten Festung haben Sie abends einen schönen Blick über Bucht und Stadt. Drinnen erzählt eine Ausstellung die Geschichte des Forts. *Tgl. 8.45–17.15 Uhr, Eintritt 6 $, Route A1A*

George Street/Plaza

Die frühere Hauptstraße, heute eine Fußgängerzone, besitzt mit ihren zahlreichen alten Häusern viel Historisches. Einen zweiten Blick wert ist vor allem das aus neun Gebäuden bestehende *Old St. Augustine Village (tgl. 9–17 Uhr, Eintritt 9 $, 246 George St., www.old-staug-village.com).* Die 1598 angelegte, von einer Basilika und spanischen Regierungsgebäuden umgebene *Plaza de la Constitución* eignet sich mit ihren Bänken im Palmenschatten für eine erholsame Siesta.

ESSEN & TRINKEN

O'Steen's

Die frischesten Shrimps der Gegend. *205 Anastasia Blvd., Tel. 904/829-69 74, €*

ÜBERNACHTEN

Conch House Marina Resort

Inn mit tropischem Flair und Cocktaillounge. *24 Zi., 57 Comares Ave., Tel. 904/829-86 46, Fax 829-54 14, www.conch-house.com, €€*

AUSKUNFT

Visitor Information Center

Karten für den Rundgang durch St. Augustine. *Tgl. 8.30–17.30 Uhr, 10 Castillo Dr., Tel. 904/825-10 00*

ZIEL IN DER UMGEBUNG

Ponte Vedra Beach **[122 B3]**

Ein amerikanisches Golferdorado, 20 km nördlich von St. Augustine gelegen, das sich auch gut als Basis für Ausflüge entlang der Küste eignet. Auf den Plätzen des ★ *Sawgrass Country Club* finden Turniere der *Professional Golf Association (PGA)* statt. Der *Sawgrass Country Club Course* und der *Sawgrass Stadium Course* gelten als besonders schwierig. Gäste des Hotels *Marriott at Sawgrass* dürfen die Plätze benutzen. Zudem bietet das Hotel Wasserfälle vor und in der Lobby, Pools, Tennisplätze und Kinderbetreuung. Neue US-Küche im *Augustine Grill (508 Zi., 1000 TPC Blvd., Tel. 904/285-77 77, Fax 285-09 06, www.marriotthotels.com, €€€).*

GOOFY

Es lebe die Mickymaus!

Zentralflorida ist geprägt von Walt Disney World, besitzt aber auch viel unberührte Natur

Mittendrin, Meer und Strände scheinen Lichtjahre entfernt, kommt Florida auf die Maus. Wo noch vor 40 Jahren Orangen geerntet wurden, ziehen heute *Walt Disney World* und Co. mehr als 40 Mio. Besucher jährlich an. Urheber war der visionäre Comiczeichner Walt Disney, der südwestlich von Orlando auf einem Viertel der Fläche des Stadtstaats Hamburg den größten Vergnügungspark der Welt konzipierte. Sein Erfolg zog Nachahmer wie *Universal Studios Escape* an, das seine Anleihen aus der Phantasiewelt von Erfolgsfilmen wie »Jurassic Park« bezieht. Dass es eine hohe Kunst ist, Künstlichkeit geschickt und geschmackvoll zu präsentieren, bemerken Sie hier auf Schritt und Tritt.

Mag die Spielplatzatmosphäre von *Magic Kingdom* und *Animal Kingdom* eher etwas für Jüngere sein, der Ausblick auf fremde Welten im *Epcot Center* und bei *Universal Orlando,* die originell gestalteten Resorthotels und die reibungslose Organisation beeindrucken auch Erwachsene. Die Mitte Floridas besteht allerdings nicht nur aus perfekten Unterhaltungsangeboten. Im unbekannteren Hinterland, wo die Landschaft auf die höchsten Erhebungen des Staats ansteigt, finden Sie noch Natur, die kaum von Menschenhand berührt wurde.

Comic-Helden treffen Sie in Walt Disney World auf Schritt und Tritt

OCALA

[121 F6] Geht es um tatsächliche Höhe, wirkt der Begriff *Central Highlands* als Übertreibung. Floridas höchste Erhebung (103 m) ist so unbedeutend, dass sie nicht mal einen Namen hat. Die *Highlands* zeigen jedoch in ihrer Vegetation, dass die Hervorhebung Sinn hat. Für die grüne Region mit der klaren Luft fand sich ein erfolgreicher Erwerbszweig: Ocala (46 000 Ew.) wurde zweitgrößtes Zentrum der Pferdezucht nach Kentucky.

SEHENSWERTES

Ocala National Forest
Ein Sandpinienwald mit zahlreichen Wander- und Wasserwegen. Hier sprießen Pinien und Zwergeichen auf fruchtbarem Boden.

Lernen und spielen im Sea World Adventure Park

Silver Springs
Im glasklaren Wasser der größten artesischen Quelle der Welt tummeln sich besonders viele Fische. Zudem finden Sie auf 450 000 m² exotische Tiere, einen Badefreizeitpark und ein Automobilmuseum. *Tgl. 10–17 Uhr, Eintritt 35,99 $, 5656 E Silver Springs Blvd., www.silversprings.com*

ÜBERNACHTEN

The Seven Sisters Inn
Ein schön kitschiges, viktorianisches B & B. *15 Zi., 820 SE Fort King St., Tel. 352/867-11 70, Fax 867-52 66, www.sevensistersinn.com,* €€–€€€

AUSKUNFT

Ocala/Marion County Chamber of Commerce
Hier erhalten Sie auch eine Liste der Gestüte, die zu besichtigen sind. *Mo–Fr 8–17 Uhr, 110 Silver Springs Blvd., Tel. 352/629-80 51, Fax 629-76 51, www.ocalacc.com*

ORLANDO

[124 C2] Als die Stadt 1875 gegründet wurde, hatte sie 100 Einwohner; heute zählt man im Großraum 1,6 Mio. Davon sind 50 000 beim größten Arbeitgeber Floridas beschäftigt: *Walt Disney World.* Das Amüsierland liegt 20 km entfernt, weshalb viele Reisende nie in die Stadt selbst gelangen, in der es im Schatten von Bankhochhäusern eine nett restaurierte, tropisch-grüne Altstadt gibt. Anziehungspunkt hier ist der alte Bahnhof *Church Street Station,* nun ein Entertainmentkomplex. Orlando besitzt eine ganze Reihe von weiteren Freizeitangeboten, ein riesiges Messe- und Kongresszentrum, eine Universität und einen internationalen Flughafen.

SEHENSWERTES

Gatorland
Alligatoren und Schlangen sind die Hauptakteure dieser Shows. *Tgl. 9 bis 17 Uhr, Eintritt 19,95 $, 14501*

S Orange Blossom Trail, www.gatorland.com

Sea World Adventure Park

★ Ein Panorama der Meere mit 8000 Tieren. Spannend ist der Gang durch ein Haifischbecken. Da man in den USA wenig Bedenken hat, Delphine und Orcas zu dressieren, sind sie auch in Shows zu sehen. *The Waterfront,* ein von Küstenstädten inspiriertes Dorf am See, wo jeden Tag Shows stattfinden, gehört ebenso zu den neuen Attraktionen wie die Mulit-Media-Show »Blue Horizons«, in der Delfine und Artisten mitwirken. *Tgl. 9–18 Uhr, Eintritt 59,75 $, 7007 Sea World Dr., www.seaworld.com*

Universal Studios Escape

★ Beim Ableger des berühmten Hollywoodstudios können Sie durch vertraute Filmkulissen spazieren. Rundfahrten und Shows mit zahlreichen Höhepunkten, so die Bootsfahrt mit dem »Weißen Hai«, der Absturz mit einer Straßenbahn aus »King Kong«, die »Terminator 2«-Show in 3 D und »Twister«, ein künstlicher Tornado. Regisseur Steven Spielberg wurde als Berater für die *Universal Studios Islands of Adventure* verpflichtet. Hier können Sie u. a. Popeye oder den Dinosauriern aus »Jurassic Park« begegnen und die aufregendsten Achterbahnen ausprobieren. Bei »Spiderman« Insider Tipp tanzen Ihnen die Comicfiguren in 3 D buchstäblich vor der Nase herum. Und »Men in Black Alien Attack« vermittelt Ihnen das Gefühl, in einem gigantischen Videospiel zu agieren. *Tgl. mind. 9–18 Uhr, Eintritt 59,75 $, 1000 Universal Studios Plaza, I-4, Exit 29, www.uescape.com*

ESSEN & TRINKEN

Café Tu Tu Tango

Gute Tapas zwischen Universal Studios und Disney World. *8625 International Dr., Tel. 407/248-22 22, €*

Wild Jack's

BBQ, Rippchen, Steak. *7364 International Dr., Tel. 407/352-44 07, €€*

ÜBERNACHTEN

Best Western Movieland

Mit Pool, sauber, preiswert und ganz zentral. *262 Zi., 6233 International*

MARCO POLO Highlights »Zentralflorida«

★ **Sea World Adventure Park**
Die Faszination dressierter Meerestiere (Seite 85)

★ **Universal Studios Escape**
Besuch berühmter Filmkulissen wie »Spiderman« und »Men in Black« (Seite 85)

★ **Animal Kingdom**
Die Welt der Tiere in sämtlichen Facetten, inklusive einer Geisterbahn (Seite 88)

★ **Magic Kingdom**
Von Schneewittchen bis zur Achterbahn (Seite 89)

Dr., Tel. 407/351-39 00, Fax 363-51 19, www.bestwestern.com, €

Orlando Resort
Größte Hotellobby der Welt mit Teichen und Tropenpflanzen. *778 Zi., 6677 Sea Harbor Dr., Tel. 407/351-55 55, Fax 351-99 91, www.marriott.com,* €€€

Travelodge Orlando Convention Center
Familienmotel mit Pool. *299 Zi., 6263 Westwood Blvd., Tel. 407/345-80 00, Fax 345-15 08, www.travelodge.com,* €

AM ABEND

Selbst das Nachtleben findet mehr und mehr außerhalb von Orlando statt. Zwischen den Themenparks *Islands of Adventure* und *Universal Studios* liegt der Nachtclub- und Restaurantdistrikt *Citywalk (I-4, Exit 74B, tgl. 11–2 Uhr, www.citywalk.com).* Musik überall und Köstlichkeiten von Fingerfood bis Fine Cuisine. Dazu – in der ansonsten strikt familienfreundlichen Entertainmentkapitale Orlando eher selten – Alkohol in Strömen. In Clubs wie *Jimmy Buffett's Margaritaville (tgl. 11–2 Uhr)* und *The Groove (tgl. 21–2 Uhr)* machen die erwachsenen Kinder die Nacht zum Tag.

AUSKUNFT

Orlando/Orange County Convention & Visitors Bureau
Hier gibts gute Tipps, Broschüren und verbilligte Tickets (vor 19 Uhr), z. B. zu *Sea World, Universal Studios, MGM, Rodeos, Gatorland* sowie die *Orlando Magic Card* (Ermäßigungen u. a. bei Eintrittspreisen) und die beste Hotelübersicht. Für die Unterkunft am selben Tag empfiehlt sich, die ausliegenden *Black Books* einzusehen (stark verbilligte Zimmer). *Tgl. 8–19 Uhr, 8723 International Dr., Tel. 407/363-58 72, Fax 354-08 74* Insider Tipp

WALT DISNEY WORLD

[124 B2] Als Walt Disney, der Schöpfer von Micky Maus und Donald Duck, 1963 als Gegenstück zu *Disneyland* in Kalifornien einen zweiten Vergnügungspark plante, sollte dieser weit über einen Entertainmentkomplex hinausgehen. Die Wissenschaft anschaulich darzustellen war ebenso sein Ziel, wie seinen Mitmenschen die große weite Welt zu erklären. Noch vor der Fertigstellung seines Projekts starb Disney 1966 im Alter von 65 Jahren.

1971 wurde als erster Abschnitt das *Magic Kingdom* eröffnet. 1982 folgte das *Epcot Center.* 1989 kamen aus dem Filmfundus in Hollywood die *Disney-MGM-Studios* dazu. Unterdessen wuchsen auf dem weitläufigen Gelände phantasievoll gestaltete Hotels und Wasserspielplätze wie *Typhoon Lagoon,* Diskotheken und Restaurants für Nachtschwärmer in *Pleasure Island* und mehrere von Profis geschätzte Golfplätze heran.

Die Weitsicht Disneys, ein Gelände von 120 km^2 Land mit kleinen und großen Seen zu erwerben, hat sich als lohnend erwiesen. Trotz der Erweiterungen wirkt *Walt Disney World* mit ihren Schnellstraßen, ihrer Monorailbahn, den Busverbindungen, Radwegen und den

Wissenschaft und Forschung sind im Epcot Center unterhaltsam aufbereitet

großzügig geplanten Parkplätzen nicht eng und überlaufen.

Walt Disney World ist eine Welt für sich, auch in Sachen Verkehrsmittel. Sie sollten Ihren Wagen auf einem der ausgeschilderten Parkplätze für das *Magic Kingdom,* für das *Epcot Center* oder für die *Disney-MGM-Studios* abstellen *(Parkgebühr 8 $ pro Tag).* Von den Parkplätzen erreichen Sie das *Magic Kingdom* und das *Epcot Center* per Monorailbahn vom *Transportation and Ticket Center (TTC)* aus. Die Bahn verbindet auch einen Teil der Disneyhotels mit den Parks. Busse pendeln zwischen den Disneyhotels, *Pleasure Island* und dem *TTC.*

Erfahrungsgemäß kommen am Wochenanfang die meisten Besucher. Komplett überlaufen ist *Walt Disney World* zwischen Weihnachten und Neujahr sowie zu Ostern und Halloween. Neu ist der *Fastpass,* den Sie bei den beliebtesten Attraktionen benutzen sollten: Sie stecken Ihre Eintrittskarte in eine Fastpassmaschine, bekommen eine Fahrtzeit zugeteilt und brauchen sich nicht mehr stundenlang in die Warteschlange einzureihen.

Die Öffnungszeiten ändern sich nach Andrang. *Tgl. Kernzeiten für Magic Kingdom und Disney-MGM Studios 9–18, Epcot Center 10–19, Typhoon Lagoon und Blizzard Beach 10–18 sowie Animal Kingdom 8–18 Uhr; Auskunft über die Öffnungen des jeweils nächsten Tages erteilt Walt Disney World Information, Tel. 407/824-43 21; Tagesticket ins Magic Kingdom, ins Epcot Center oder in die Disney-MGM-Studios 59,75 $*

SEHENSWERTES

Zum 50-jährige Jubiläum der Disney Themenparks 2005 warten während der 18-monatigen Party *Happiest Celebration on Earth* alle Parks mit neuen Attraktionen und mehrmals täglich stattfinden Sonderveranstaltungen auf.

Animal Kingdom

★ Eine Safari in Afrika mit einer Vielzahl exotischer Tierarten, die Reise durch den Regenwald von Südostasien und eine Dinosaurierlandschaft gehören zu den Attraktionen des neuesten Disneyterrains. Die jüngste Ergänzung ist ein Megazoo, in dem Sie im Jeep auf Safari gehen, Stromschnellen hinunter fahren und das Land der Dinosaurier per Geisterbahn erkunden.

Insider Tipp

Disney-MGM-Studios Theme Park

Gebäude und Kulissen wie in einem Hollywoodfilmstudio – ein Einblick in die Arbeit der Traumfabrik. Der pink- und türkisfarbene *Hollywood Boulevard* wacht morgens um 9 Uhr auf und ist mit T-Shirt-Läden und Restaurants ausgestattet. Die *Stunt Shows*, die Sie während einer zweistündigen Rundfahrt erleben (z. B. im *Catastrophe Canyon*), vermitteln Zirkusatmosphäre. Höhepunkte sind die simulierte Rundreise durchs All mit den *Star Tours* und natürlich die »Muppet-Show« in 3 D sowie »101 Dalmatiner«.

Rund die Hälfte des Studiogeländes mit seinem bekannten Wahrzeichen, einem Wasserturm mit Mickymausohren, dient als Drehort für Film- und Fernsehproduktionen.

Downtown Disney

Besteht aus der *Westside*, wo der berühmte *Cirque du Soleil* auftritt, dem *Village Market Place* und *Pleasure Island*, wo sich das Nachtleben abspielt.

Epcot Center

Das von der Fläche her größte Teilstück von *Walt Disney World* steht auf rund 1 km² dem *Epcot Center (Experimental Prototype Community of Tomorrow)* zur Verfügung. Anders als Technikmuseen stellt das Center Naturwissenschaften, Geographie und Zukunftsforschung nicht immer ganz exakt dar, dafür aber stets lebendig und unterhalt-

»Tickets, Tickets!«

Mit den Mehrtagespässen fahren Sie günstiger

Der totale Spaß ist nicht ganz billig. Am ehesten kommen Sie auf Ihre Kosten, wenn Sie gleich ein paar Tage bleiben und Pässe kaufen, die sämtliche Attraktionen in Universal Studios Orlando und in Walt Disney World zugänglich machen. *Universal Studios:* 2-Park-Bonus-Pass 99,95 $ (Erw. und Kinder), 4-Park-Orlando-Flexticket (Universal Studios, Islands of Adventure, SeaWorld, Wet 'n' Wild) 184,95 $ (Erw.), 150,95 $ (3–9 Jahre). *Walt Disney World:* 4 Days Park Hopper Pass 220 $ (Erw.), 183 $ (3–9 Jahre), 5 Days Park Hopper Pass 228 $ (Erw.), 190 $ (3–9 Jahre). Stark ermäßigte Tickets können Sie über *www.universalstudios-orlandoflorida.com* beziehen.

sam. Vor allem die Abteilung *Future World* bietet die interessante, multimediale Vision einer Welt der Zukunft.

Magic Kingdom

★ Das Herz von *Walt Disney World* ist auch für jüngere Kinder attraktiv. *Main Street USA,* die idealisierte amerikanische Kleinstadt-Hauptstraße, dient hier als Schauplatz der bunten Paraden mit Disneys fröhlichen Comic-Helden und jungen Damen auf bunten Umzugswagen *(15 Uhr, mitunter auch 18.30 und 20.30 Uhr abends).* Am Ende von *Main Street USA* steht das Symbol des Zauberreichs: *Cinderella Castle* (Aschenputtels Schloss). Darum herum gruppieren sich die anderen sechs »Länder« des Königreichs.

Wasservergnügen

Große Badeparks runden das Spektrum der Disneypalette ab: *Blizzard Beach* wurde einem Skiort nachempfunden, doch statt Schnee gibt es Wasser, und Sessellifte transportieren Sie auf gigantische Rutschen. *River Country* imitiert eine Fels- und Waldlandschaft in Utah. In *Typhoon Lagoon* können Sie zwischen tropischen Fischen tauchen.

ESSEN & TRINKEN

In *Walt Disney World* finden Sie Restaurants aller Preisklassen mit Gerichten aus aller Welt. Lassen Sie sich von der Nase (und von den kürzesten Schlangen) leiten. Besonders zu empfehlen: *Spoodles* in *Disney's Boardwalk* mit mediterraner Küche *(€), Chefs de France* in *Epcot,* eine Koproduktion von Paul Bocuse und Gaston Lenôtre *(€€–€€€),* sowie die neuen Kreationen des in Österreich geborenen Starkochs aus Los Angeles im *Wolfgang Puck's Café* in *Downtown Disney (€–€€).*

Einfach niedlich wohnt Donald Duck im Magic Kingdom

ÜBERNACHTEN

Es erspart die Anfahrt, in einem der über zwei Dutzend Hotelresorts in *Walt Disney World* abzusteigen. Die Zimmerpreise reichen von 100 $ bis 1300 $ für eine Villa mit zwei Schlafzimmern, darunter das *Grand Floridian Resort & Spa (€€€),* ein viktorianisch gestyltes Strandhotel mit künstlich geschaffenem Sandstrand. Die *Disney World Village Villas (€€)* öffnen sich direkt auf einen Golfplatz. Das *Caribbean Village (€)* ist eines der preiswerteren Häuser. *Infos auch über www.disneyworld.disneygo.com*

FREIZEIT & SPORT

Golf

Fünf attraktive Plätze mit insgesamt 90 Löchern: *Lake Buena Vista (Tel. 407/824-2270).*

GATOR
XING
Next 1/2 Mi.

Und das Meer ist niemals fern

Die Touren sind in der Karte auf dem hinteren Umschlag und im Reiseatlas ab Seite 118 grün markiert

1 VON MIAMI AUF DIE KEYS UND IN DIE EVERGLADES

Reisen Sie fünf Tage auf den Spuren von Ernest Hemingway und wilden Alligatoren. Länge der Tour: ca. 1000 km

Es gibt nicht viele Straßen, die von *Miami (S. 27)* Richtung Süden führen. Und nur eine reicht bis zum Endpunkt der *Florida Keys*, die man mit zahllosen Brücken zu einer echten Inselkette verbunden hat – die reizvolle US 1, dort *Overseas Highway* genannt. Der Highway selbst macht bereits die Hälfte des (Fahr-)Vergnügens aus: Zweispurig gleiten Sie bei offenem Fenster in Richtung Horizont über das Meer, hin und wieder mit fliegenden Pelikanen auf Augenhöhe. Um Tanken und Banken brauchen Sie sich nicht zu sorgen: Tankstellen und Geldautomaten gibt es in allen größeren Orten und natürlich in Key West.

Wenigstens an zwei Stellen lohnen sich vorher Abstecher. Was Sie sehen können, sind die drei National Parks, die es in Florida gibt.

Exotisch, was die Straße kreuzt

Nummer eins erreichen Sie über *Homestead:* den *Biscayne National Park (S. 37)*, dessen Inseln, Riffe und Unterwasserlandschaften den Artenreichtum der subtropischen Meeresfauna bewahren *(am Abzweig nach Convoy Point, SW 328th St., 15 km entfernt)*.

Abstecher Nummer zwei beginnt in *Florida City* auf der Route 9336 nach Westen. Dies ist die 60 km lange, asphaltierte Straße durch die Mangrovensümpfe des *Everglades National Park (S. 49)*, an deren Ende der kleine Hafenort *Flamingo* liegt. Im Park, in dem seltene Vögel und Alligatoren ungestört leben, sollten Sie sich Zeit lassen und die Wildnis vom Kanu oder vom Hausboot aus beobachten. Insider Tipp

Wenn Sie die Florida Keys erkunden wollen, nehmen Sie zunächst südlich von Florida City die Route 905 nach Key Largo, der größten Insel des 180 km langen Archipels, auf dem ursprünglich die kriegerischen Calusa-Indianer und später eine Handvoll Seeräuber lebten. *Key Largo (S. 42)* hat seine Schmugglerromantik und seine alte Schläfrigkeit längst verloren. Heute dominieren Supermärkte, preiswerte Motels und T-Shirt-Läden. Hauptattraktion ist der *John Pennekamp State Park (MM 102,5)*, ein Paradies für Taucher. Ebenfalls bei Meile 102,5 finden Sie das *Maritime Museum of the Florida Keys* mit Schätzen aus gesunkenen Schiffen. Wollen Sie selbst auf Schatzsuche gehen, wenden Sie sich an die Tauchshops der Insel.

Die US 1 führt weiter nach *Islamorada (S. 40)* auf *Upper Matecumbe Key*. Der Hafen ist Anziehungspunkt für Hochseeangler aus allen Teilen der Welt. Sie fangen Thunfische und Königsfische und stellen dem Marlin nach – eine Jagd, die Ernest Hemingway die Inspiration zu seinem Roman »Der alte Mann und das Meer« gab. Mehr als 400 Charterkapitäne operieren von den verschiedenen Marinas aus.

Über *Conch Key, Duck Key* und *Grassy Key (S. 41)* erreichen Sie *Vaca Key* mit seinem Hauptort *Marathon (S. 42)*, einem weiteren Zielpunkt vieler Hobbyfischer und Nordende der 11 km langen *Seven-Mile-Bridge*, die den Übergang zu den Lower Keys markiert. Über *Bahia Honda Key, Big Pine Key, Ramrod Key, Sugarloaf Key* und *Boca Chica Key* erreichen Sie *Key West (S. 44)*, dessen Hafen einst als Zwischenstation für die Postschiffe nach Havanna diente. Eine Zeit, der die Insel ihren architektonischen Charme verdankt. Weltbekannt wurde das Dorf jedoch erst, als Maler und Schriftsteller es zum Künstlerdomizil umfunktionierten. Darunter: Ernest Hemingway, der die Abgeschiedenheit vom Festland, die Nähe zu Kuba und den Nachschub an Rum genoss.

In Key West sollten Sie aufs Auto verzichten und das Treiben entweder per Fahrrad oder zu Fuß auskundschaften: ob den Sonnenuntergang am *Mallory Square*, das *Hemingway House*, in dem ein Teil seiner Werke entstand, oder die tropisch anmutenden weißen Häus-

Die Everglades, eine Landschaft, in der das Auge sich verliert

chen inmitten von üppigen Gärten und *Old Town.* Auch den dritten Nationalpark erreichen Sie ohne Auto: Den Flug auf die *Dry Tortugas (S. 47)* treten Sie mit Schnorchelausrüstung im Gepäck an.

Die Tour wäre nicht komplett, wenn Sie nicht nach der Rückkehr aufs Festland westlich von Miami auf der Route 41, dem so genannten *Tamiami Trail,* Richtung Naples fahren würden. Denn diese Strecke bietet selbst für Reisende, die etwas weniger Zeit auf die Ergründung des *Everglades National Park (S. 49)* verwenden möchten, noch einen guten Eindruck von der Graslandschaft. Zum Beispiel in *Shark Valley* am Nordeingang des Parks, wo der Aussichtsturm *Shark River Tower* steht. Oder im *Miccosukee Indian Village,* rund um das *Oasis Visitor Center,* das zu dem nördlich angrenzenden Schutzgebiet *Big Cypress National Preserve* gehört – mit dem kleinsten Postamt der USA in *Ochopee.* Über Route 29 geht es nach *Everglades City* und an die Küste des Golfs von Mexiko. Der beschauliche Ort liegt außerhalb des Everglades National Park. Doch er ist ein idealer Ausgangspunkt für einen Bootsausflug in die Gewässerlandschaft der *Ten Thousand Islands* und bietet eine gute Gelegenheit, eine Spezialität der Region zu probieren: Der *Everglades Rod & Gun Club* serviert das beste Alligatorsteak weit und breit. (Insider Tipp)

Zurück auf der Route 41 gelangen Sie zur Route 92, der Straße nach *Marco Island (S. 59).* Die Insel mit ihren weiten weißen Stränden, ihren Villen und Golfplätzen bietet einen kleinen Vorgeschmack auf *Naples (S. 60),* das Sie über die Route 41 erreichen. Dort beherrscht die Extravaganz der Villen der Reichen *(2nd St. S und Gordon Dr.)* das Bild. Nach Miami zurück geht es über den Everglades Parkway (I-75), der den Spitznamen *Alligator Alley* trägt.

2 VON FORT MYERS AUS ENTLANG DER WESTKÜSTE

Ein viertägiges Rendezvous mit Muschelsuchern, Zigarrendrehern und dem Zirkuskönig.

Länge der Tour: ca. 600 km

Fort Myers (S. 57), die Stadt am Caloosahatchee River, und seine Umgebung sind die Touristenzentren an Floridas Westküste. Etwas, das der Erfinder Thomas A. Edison sicher nicht vorhergesehen hat, der am palmengesäumten McGregor Boulevard seinen Wintersitz errichtete. Eine Rundreise von hier aus kann in mehrere Richtungen führen. Am nahe liegendsten ist der Trip über die Routes 869 und 867 sowie den *Sanibel Causeway* nach Westen auf die beiden mit einer Brücke verbundenen Inseln *Sanibel* und *Captiva (S. 61).* Hier finden Sie ungewöhnliche Muscheln – besonders auf einem Ausflug mit Captain Mike Fuery – und können die tropische Tierwelt im *J. N. »Ding« Darling National Wildlife Refuge* bestaunen. Zurück in Fort Myers, fahren Sie auf der Route 41 nach Norden, um über die Routes 776 und 771 und den Causeway den ehemaligen Piratenschlupfwinkel an der Golfküste *Gasparilla Island (S. 58)* zu erreichen. Die Atmosphäre eingefangen hat das *Gasparilla Inn,* ein gediegenes Hotel aus den Anfängen des 20. Jhs.

Über die Routes 775 und 776 führt die Strecke nach Norden, durch Städte wie *Venice* auf die Route 41. Möchten Sie die feinsandigen Strände von *Siesta Key* sehen, biegen Sie in *Coral Cove* auf die Route 72 nach Westen ab. Nördlich davon müssen Sie wieder aufs Festland und auf die Route 41 und können erst in *Sarasota (S. 63)* über die Route 789 und *Lido Key* zurück ans Wasser – zu den Feriengebieten *Longboat Key* mit seinen eleganten Hotels und Tennistrainingszentren und *Anna Maria Island.*

Von *Holmes Beach* aus geht die Strecke auf der Route 64 über *Bradenton* und die Route 41 zur Route 19 und zur I-275, die einen der Höhepunkte der Reise bietet – die Überquerung der *Bay von Tampa* auf einer 6 km langen Brücke, dem *Sunshine Skyway.* Von ihm bietet sich ein spektakulärer Blick auf *Tampa* und den alten Badeort *St. Petersburg (S. 64).* Stimmung atmen Sie im pinkfarbenen Hotelpalast *Don CeSar* in *St. Pete Beach* ein, zu erreichen über die Route 699. Das Kontrastprogramm bietet *Tampa,* in das Sie auf der Route 60 gelangen. Die Stadt präsentiert Folklore auf vielerlei Weise. Zum Beispiel in *Ybor City,* dem kubanischen Viertel, in dem Zigarren hergestellt werden. Oder auch im Vergnügungspark *Busch Gardens* mit seinem Safaripark und den rasanten Achterbahnen.

Zurück auf der Route 41, kommen Sie in Richtung Süden wieder nach *Sarasota (S. 63),* wo etwas südlich vom Flughafen das Museum des Zirkuskönigs John Ringling liegt. Auf der I-75 geht es nach Süden in den *Myakka River State Park (Abzweig: Route 72),* ein riesiges Naturschutzgebiet. Ebenfalls einen Ausflug wert: das sumpfige, für seine moosbehangenen Zypressen berühmte *Corkscrew Swamp Sanctuary (Abzweig: Route 846).* Nach dem Besuch von *Naples (S. 60)* erreichen Sie über die Route 41 dann wieder Fort Myers.

3 ZENTRALFLORIDA: SPIEL MIT DER TECHNIK

Vier Tage mit Autos, Raketen und Pferdezucht am Atlantikstrand. Länge der Tour: ca. 600 km

Orlando (S. 84), das dank *Universal Studios, Sea World* und dem benachbarten *Walt Disney World* als Funmetropole der Welt gilt, besitzt nur künstliche Strände. Wollen Sie das Meer sehen, ist der Atlantik nicht weit. Unterwegs sollten Sie sich anschauen, wofür Florida früher berühmt war: seine Zitrusfrüchte. Vom *Citrus Tower* aus blicken Sie auf Zitrusbäume, Seen, Disney World und an klaren Tagen bis zur Küste. Der Aussichtsturm steht westlich von Orlando *(über Route 50 bis Clermont, dann über Route 27 nach Norden).*

Auf eine weitere große Touristenattraktion stoßen Sie Richtung Norden in *Ocala (S. 83): Silver Springs,* die Kulisse für »Tarzan«-Filme und »James Bond«-Produktionen *(Route 27 nach Norden, dann Route 40 nach Osten).* Sie können die riesige Quelle per Glasbodenboot erkunden oder sich auf eine Jeepsafari durch den angrenzenden Park begeben. Ocala und Umgebung sind in den letzten Jahren zu einem bedeutenden Pferdezuchtgebiet geworden. Viele der 400 Gestüte stehen zur Besichtigung offen. Die Strecke zur Atlantikküste führt auf der Route 19 Richtung Nordosten am *Lake George* entlang nach *Palatka*, wo Sie auf die Route 207 treffen, und dann nach *St. Augustine (S. 81)*. Die Stadt, gegründet 1565, ist die älteste Siedlung der Europäer in den USA. Von ihrer großen Vergangenheit zeugt die Festung *Castillo de San Marcos.*

Erst mit dem Bau der Eisenbahn wurde Floridas Küste südlich von St. Augustine erschlossen. Und zwar vor allem für den Tourismus jener Tage. Die Spuren sind vom heutigen Reisestrom verwischt worden. Doch die Strände gibt es noch immer. Sie finden sie entlang der Route A1A, ob in *Ormond Beach,* wo John D. Rockefeller *The Casement* baute (heute ein Museum), oder in *Daytona Beach (S. 76),* auf dessen Sand die ersten Autorennen Amerikas ausgetragen wurden. Den Strand können Sie noch immer befahren. Daytona Beach und seine *Beach Street* sind zum Mekka für alles geworden, was Räder hat: Das ganze Jahr über kommen Motorradfahrer. Es gibt aber auch einsame Dünenabschnitte. Etwa südlich von *New Smyrna Beach,* wo die A1A direkt zu einem der schönsten Strände Floridas führt: zum 40 km langen *Cape Canaveral National Seashore.*

Zurück landeinwärts, gelangen Sie über die US 1 und den *NASA Causeway* (Route 405) zum *Spaceport USA* von *Cape Canaveral (S. 75),* nicht nur Raketenabschussrampe, sondern eine Ansammlung von Ausstellungsgebäuden und Exponaten, die die Geschichte der Mondlandung und der Erforschung des Alls *(Galaxy Center* und *Astronaut Hall of Fame)* illustrieren.

Der rasche Weg nach Orlando führt über die Routes 1 und 528, genannt *Bee Line Expressway,* der gemütliche über die Route 50.

Kostüme und Kanonen aus der spanischen Zeit: Castillo de San Marcos

Fit mit Fun im Sunshine State

Bleiben Sie ganz locker, Spaß wird in Florida natürlich auch beim Sport groß geschrieben – ob zu Wasser oder zu Lande

Golf steht souverän an erster Stelle der sportlichen Aktivitäten in Florida. Anders als in Europa, wo die exklusiven Clubs nur ungern Fremde spielen lassen, dürfen Sie in Florida auf fast jeden Platz. Neben Sportarten auf festem Grund bietet sich vor allem das nasse Element an. Das gilt nicht nur für die Küsten am Golf von Mexiko und am Atlantik, den Wassersportrevieren für Wasserski, Parasailing und Windsurfen, sondern auch für das Binnenland. Hier warten viele attraktive Seen, Teiche und Flüsse, wo Sie unendliche Möglichkeiten zum Schwimmen und Tauchen, zum Schnorcheln, Segeln und Angeln finden.

AUTORENNEN

Der Sport hat Tradition in Florida: Er begann mit halsbrecherischen Rennen an den Stränden von Ormond und Daytona Beach. *Daytona* ist noch heute ein Treffpunkte für Rennfahrer, die mit ihren Flitzern in dem Riesenoval bis zu 380 km/h erreichen. Wer diesen Kitzel nachempfinden will, meldet sich bei *Richard Petty Driving Experience* Insider Tipp in Orlando *(Tel. 407/939-01 30, Fax 939-01 37, www.1800bepetty.com)*. Hier dürfen Sie sich selbst hinter den Lenker eines Stockcar klemmen. Auf dem Speedway von *Walt Disney World* kostet eine Stunde Unterricht mit acht High-Speed-Runden auf eigene Faust 499 $.

Artistik voller Lebensfreude – ein Könner seines Fachs

GOLF

Abgesehen von den Everglades sind Sie nirgendwo weit entfernt von einem der über 1100 Golfplätze, die Florida zum Spitzenreiter dieser Sportart in den USA machen. In *Ponte Vedra* befindet sich das Hauptquartier der Profis *(PGA)* und *Orlando* veranstaltet im Januar die größte Golfmesse der Welt. Golf ist Volkssport. Das ganze Jahr ist Saison, zu Preisen ab 40 $ pro Runde aufwärts. Bevor sich ein Anfänger den Tücken schwerer Plätze aussetzt (in Florida gibt es viele künstliche Wasserhindernisse, in denen die Bälle auf Nimmerwiedersehen verschwinden), sollte er Stunden nehmen. Der Brite David Leadbetter gehört zu den besten Golflehrern *(David Leadbetter Golf*

Das ganze Jahr Saison und Golfplätze in Hülle und Fülle

Academy in Orlando, Bradenton und Naples, Tel. 407/787-33 30, Fax 787-34 43, www.davidleadbetter.com).

Das Handicap verbessern kann auch der Aufenthalt in der Golfschule des *PGA National Resort and Spa* in Palm Beach Gardens *(im Sommer ab 650 $, im Winter ab 1525 $, Tel. 561/627-20 00, Fax 624-89 04, www.pga-resorts.com).* Sie können auch einen Abstecher zur *World Golf Hall of Fame* machen. Dort finden Sie neben einem 18-Löcher-Platz ein Museum, das auf über 5000 m² berühmten Golfspielern huldigt und die technische Entwicklung des Spiels zeigt *(Eintritt 15 $, 21 World Golf Pl., Ponte Vedra, Tel. 904/829-86 46, www.wgv.com).*

Generelle Informationen finden Sie unter *www.golf.com* oder *www.floridagolfing.com.* Beim Planen von Abschlagszeiten und von Golfferien hilft die Agentur *Golfpac (Tel. 407/260-22 88, Fax 260-89 89, www.golfpactravel.com).* Insider Tipp

HOCHSEEFISCHEN

Es galt als absoluter Machosport, als Papa Hemingway im Kampf mit *bonefish, tarpon* und den gigantischen *marlins* seine Kräfte maß. Viel hat sich an dieser Einschätzung eigentlich nicht geändert. Zumindest nicht an den Bootshäfen, wo Charterkapitäne auf Kundschaft warten. Sie verlangen für den Trip pro Tag je nach Ausstattung zwischen 500 und 3000 $. Als Hochburgen gelten die Marinas von *Islamorada (Info u. a. www.robbies.com), Pompano Beach (u. a. www.pompanobeachchamber.com) und Destin (u. a. www.flatoutcharters.com).* Weniger ehrgeizige Angler begnügen sich mit *grouper, yellowtail snapper* oder Goldmakrele, die

Sie dann in einem Restaurant gegen eine kleine Gebühr zubereiten lassen können. Voraussetzung ist ein Angelschein, der 38,50 $ (Salzwasser) und 8 $ (Süßwasser) für jeweils drei Tage kostet und bei den Outfittern oder in Supermärkten zu erstehen ist.

KAJAK & KANU

Die *Bayseite* der Florida Keys, die *Everglades*, die Westküste nördlich von *Homosassa Springs* und die Flusslandschaft des *Panhandle* sind ideale Reviere für Kanu und Kajak. Das *Department of Environmental Protection* verzeichnet 38 verschiedene *canoe trails* mit insgesamt 300 km Länge *(Tel. 850/487-47 84, www.dep.state.fl.us/search)*.

RADFAHREN

Viele von Floridas Sehenswürdigkeiten (z. B. Key West, die Villen von Palm Beach) lassen sich am besten per Fahrrad erkunden. Wer den Sport systematischer betreiben will: Ein Verzeichnis über Fahrradwege bietet ebenfalls die Website des *Department of Environmental Protection (Tel. 850/487-47 84, www.dep.state.fl.us/search)*.

SEGELN

Florida bietet Seglern ein attraktives Revier. Beliebt ist der Törn von *Miami* nach *Key West*, immer an den Keys entlang, die mit ihren Marinas hervorragende Anlegemöglichkeiten (und gute Duschen!) bieten. Eine Hunter 386 kostet z. B. bei der Charterfirma *Scansail* eine Wochenmiete von etwa 1760 Euro *(www.scansailyachts.de)*.

SURFEN

Während Taucher sich über Korallenriffe freuen, gelten sie bei Surfern eher als Wellenbrecher. An der Atlantikküste gibt es jedoch einige Abschnitte, die schöne, gleichmäßige Wellen produzieren – vor allem zwischen *Sebastian Inlet* und *Cocoa Beach*, wo von März bis Ende Mai auch Surfturniere stattfinden. Wenn Sie den Ritt auf der Welle einmal selbst probieren wollen, sollten Sie sich von einem Surflehrer einweisen lassen. Bei *Lou Maresca* in Vero Beach kostet ein Tag auf dem Brett 100 $, fünf Tage 395 $ *(Central Florida Surf School, 105 River Oaks Rd., Melbourne Beach, Tel. 321/727-84 64, www.surfschoolchamp.com)*.

TAUCHEN & SCHNORCHELN

Zu den besten Tauchgründen gehören die *Florida Keys*, u. a. wegen des *John Pennekamp Reef State Park* mit dem *Key Largo National Marine Sanctuary* und dem *Looe Key National Marine Sanctuary*. Besonders schön ist es vor dem Hintergrund des Korallenriffs, das der Küste vorgelagert ist. Sie können fast überall in Florida tauchen, aber in den Keys ist der Reiz am größten. Zumal Sie dort auch Wracks finden. Eine gute Adresse – auch für Schnorchler – ist *Marathon Divers (12221 US 1, Tel. 305/289-11 41)*.

TENNIS

Wegen des idealen Wetters besitzen die meisten Hotels Tennisplätze: Allein in Palm Beach County gibt es über 1000 Courts. Schläger erhalten Sie in der Regel an der Rezeption.

AUTOGRAPHS

Für Kids ein wahres Paradies

Vergnügungsparks sind natürlich der Knüller, doch es gibt weit mehr!

Wenn Herzen von kleinen und großen Kindern höher schlagen und wenig später tief in die Magengegend rutschen – dann passiert das in Florida meistens auf einer der Achterbahnen, die in den Vergnügungsparks wie moderne Kathedralen den Horizont überragen. Sich amüsieren können Sie mit Kindern in diesen künstlichen Landschaften auf vielerlei Weise – besonders bei den größeren Parks *Walt Disney World*, *Universal Studios* und auch *Busch Gardens*, die mit ihren technischen Sensationen eine Anzahl von kleineren, längst nicht so gut organisierten und technisch nicht so versierten Rivalen hinter sich gelassen haben. Achterbahnen mit Namen wie *Big Thunder* und *Splash Mountain,* die Unterwasserfahrt *The Living Seas* und zahllose weitere Hightech-Attraktionen garantieren wunschlos glücklichen Nachwuchs. Die Tage in den Vergnügunsgparks sind gut gefüllt. Für die ganze Familie gibt es eine Reihe von Attraktionen, die dem Urlaub seine besonders unterhaltsame Note geben – das Angebot jedenfalls ist überwältigend.

In Disney World geben Märchenfiguren sogar Autogramme

Doch vergessen Sie über all dem organisierten Vergnügen nicht, ihren Kindern Floridas wahre Attraktion näher zu bringen: seine Pflanzen- und Tierwelt, ob in der freien Wildbahn wie im *J. N. »Ding« Darling Wildlife Refuge* auf *Sanibel Island*, im *Florida Keys Wild Bird Rehabilitation Center* auf der Key-Insel *Tavernier* oder am Strand in der Nähe der Raketenabschussrampen von *Cape Canaveral*, wo die 50–200 kg schweren Seeschildkröten nisten. Florida bietet den schönsten Ferienunterricht in Naturkunde: zu Fuß, mit dem Kanu oder unter Wasser, vom Glasbodenboot aus (z. B. im *John Pennekamp State Park),* per Dampfer in den *Ten Thousand Islands* oder im Luftkissenboot bei der Fahrt durch die *Everglades.* Ein immer anrührendes Schauspiel sind auch die behäbigen Seekühe an der Golfküste.

Die meisten der etwas teureren Hotels Floridas sind auf Kinder und Eltern, die auch einmal ihren eigenen Hobbys nachgehen wollen, eingestellt. Viele haben Clubs oder sogar regelrechte Camps für die verschiedenen Altersgruppen mit tollen Angeboten: Von Mal- und Kochinstruktionen, Inlineskating-, Windsurfing- und Schnorchelunterricht bis zur Party unter Gleichaltrigen wird alles geboten, für das Mom und Dad aufkommen wollen. Eine Bemerkung noch zur Vorsicht zum Strand, damit Ihr Urlaub keine Trübung erfährt: Bei US-Teenagern ist es zurzeit beliebt, Tunnel in die Dünen zu graben – ein Vergnügen, das schnell gefährlich werden kann.

Hinweise auf Hotels mit Kinderaktivitäten finden Sie auch unter *www.flausa.com* unter dem Stichwort *family & kids (interest* klicken und dann *family & kids).* Viele der Attraktionen, die auch Kinder in den Bann ziehen, sind über die verschiedenen Kapitel dieses Reiseführers verteilt aufgeführt. Nachfolgend noch einige zusätzliche Tipps.

MIAMI

Monkey Jungle [127 E3]
Auf eine riesige Fläche verteilt tummeln sich hier Orang-Utans und Makaken, von denen einige Arten sogar gefüttert werden dürfen. *Tgl. 9.30–17 Uhr, Eintritt Erw. 15,95 $, Kinder 9,95 $, 14805 SW 216th St., S Miami, www.monkeyjungle.com*

DIE KEYS

Florida Keys Wild Bird Center [127 E5]
Was 1984 als private Initiative eines Tierarztes begann, ist heute eine veritable Vogelklinik, in der Sie Ibisse, Kormorane, Kraniche und Pelikane aus nächster Nähe beobachten können. Freundliche Führer informieren über den Zustand des empfindlichen Ökosystems der Keys. *Erbetene Spende Erw. 3 $, Kinder 2 $, 93600 Overseas Hwy., Tavernier, Tel. 305/852-44 86, www.fkwbc.org*

Robbie's Pier [127 D5] Inside Tipp
Am Kai für die Fähre nach Lignumvitae Key werden jeden Tag die bis zu 2,5 m langen *tarpons* gefüttert – ein seltenes Schauspiel für Kinder und Erwachsene, die durch Islamorada reisen. *Eintritt 1 $, MM 77.5 auf US 1, www.robbies.com*

WESTKÜSTE

Florida Aquarium [123 E3]
Süß- und Salzwassertanks simulieren Korallenriffe, Tiefsee und Marschen mit 10 000 Meerespflanzen und -bewohnern. In einem Becken können die Kids Meerestiere berühren. *Tgl. 9.30–17 Uhr, Eintritt Erw. 17,95 $, Kinder unter 12 Jahren 13,95 $, 701 Channelside Dr., Tampa, www.flaquarium.org*

Gulf Coast Wonder & Imagination Zone [123 E5]
Hier können kleine Kinder nach Fossilien graben und alles über Elektrizität lernen. *Mo–Sa 10–17, So 13–17 Uhr, Eintritt Erw. 7 $, Kinder 5 $, 1001 Blvd. of the Arts, Sarasota, www.gwiz.org*

Imaginarium [126 B1]
In diesem Aquarium kann man sich mitten in ein Gewitter stellen und die Blitze beobachten oder auch einen Hurrikan über sich ergehen lassen. *Mo–Sa 10–17, So 12–17 Uhr, Eintritt Erw. 7 $, Kinder 5 $, 2000 Cranford Ave., Fort Myers*

The Teddie Bear Museum [126 B2]
Tiere, zur Abwechslung mal aus Plüsch: 5000 Bärchen aus aller Welt. *Di–Sa 10–17 Uhr, Eintritt Erw. 8 $, Kinder 3 $, 2511 Pine Ridge Rd. (Exit 16 von I-75), Naples, www. teddymuseum.com*

Kinder bei der Erkundung der Unterwasserwelt

OSTKÜSTE

Lion Country Safari **[125 E6]**
1200 Tiere aus aller Welt im Freiluftgehege, das Sie in Ihrem Auto bereisen. *Tgl. 9.30–16.30 Uhr, Eintritt Erw. 19,95 $, Kinder 15,95 $, Southern Blvd. W (Exit 50 von I-95), West Palm Beach, www.lioncountrysafari.com*

Ripley's Believe It or Not! Museum **[122 B4]**
Unglaubliche Geschichten und Kunstwerke wie z. B. Malerei auf Kartoffelchips. Unterhaltsames nicht nur für Regentage. *Tgl. 9–19 Uhr, Eintritt Erw. 12,95 $, Kinder 7,95 $, 19 San Marco Ave./Castillo Dr., St. Augustine, www.staugustine-ripleys.com*

Surfstunden **[125 E4]**
Insider Tipp
Die Wellen im *Fort Pierce Inlet State Park (Eintritt 3,25 $ pro Auto)* sind niedrig, und Kinder ab 8 Jahren können hier lernen, sich auf einem Surfbrett zu halten. Auch die Lehrer der *Central Florida Surf School* bringen den Kleinen mit viel Spaß das Surfen bei *(105 River Oaks Rd., Melbourne Beach, Tel. 321/727-84 64, www.surfschoolchamp.com).*

ZENTRALFLORIDA

Mount Dora **[124 B1]**
Statt des Rummels in den Themenparks füttern Ihre Kids im Vorschulalter vielleicht lieber in aller Stille die Enten auf dem Feuerlöschteich? 40 km nördlich von Orlando liegt diese viktorianische Kleinstadtidylle mit Teich, Eisdielen, Cafés und gemütlichen Trolleybussen. Ausflugsboote schippern über den *Lake Dora,* an dessen Ufern Seeadler nisten und Sie tropische Vogelarten beobachten können. *www.mountdora.com*

Angesagt!

Was Sie wissen sollten über Trends, die Szene und Kuriositäten in Florida

Bauch- und (nicht ganz) jugendfrei

Voll im Trend liegen Beachklamotten und nabelfreie Shirts von Abercrombie & Fitch (u. a. in der *Aventura Mall* und in der *Dadeland Mall in Miami)*. Fast noch begehrter: der Katalog, den der in Miami Beach lebende Starfotograf Bruce Weber in Florida produzierte. Wegen seiner provokanten Schwarzweißfotos wurde er im Staat Illinois, Sitz der Zentrale des Kleiderherstellers, auf den Index der pornografischen Schriften gesetzt.

Tango zwischen Bücherregalen

Rhythmische Klänge Tag und Nacht, vor sich hin summende Menschen überall: Miami tanzt für sein Leben gern. Selbst zwischen Bücherregalen. Bei *Books & Books (235 Aragon Ave., Tel. 305/442-44 08)* in Coral Gables, Miamis schönstem Buchladen, kann man nicht nur Literatur kaufen, sondern auch Tangostunden nehmen – ein bemerkenswertes Erlebnis als Einstieg in Miamis *partycrowd*. Anschließend Treff an der Weinbar oder ein Cocktail auf dem Balkon zum Sehen und Gesehen werden.

See you later, Alligator

College Football – das Herbstgeschehen, das alles andere überragt. Floridas Beitrag ist der jährliche Zweikampf zwischen den *Gators (Florida University, Gainesville)* und den Seminoles *(Florida State University, Tallahassee)*. Spiele der beiden Teams gegeneinander werden zum Volksfest, bei dem es ums Prestige geht. Bereits Monate im Voraus heizen die Zeitungen die Stimmung an.

Latinopop

Zu den populären Künstlern, die in der Nachfolge von Gloria Estefan und Ricky Martin zurzeit auf der Latinowelle reiten, gehören u.a. die kolumbianische Band *Aterciopelados, Son By Four* aus Mexiko, *Chayanne*, ein Sänger aus Puerto Rico, *Azul Azul* aus Bolivien und *Francisco Cespedes* aus Kuba. Die beste CD-Auswahl finden Sie in allen *Ritmo Latino Record Stores.* Als akustische Einstimmung vor Ort empfehlen sich Radiostationen wie *WLRN-FM (91.3), Power 96 (WPOW-FM 96.5)* und *WRTO-FM (98.3)* in Miami.

Von Anreise bis Zoll

Hier finden Sie kurz gefasst die wichtigsten Adressen und Informationen für Ihre Floridareise

ANREISE

Lufthansa fliegt täglich direkt Frankfurt–Miami. Andere Fluggesellschaften bieten Verbindungen mit Zwischenlandungen nach Miami, Fort Lauderdale, Fort Myers, Orlando und Tampa an. Die Flugzeit beträgt neun bis vierzehn Stunden. Immer wieder steht Florida auch bei Billiganbietern auf dem Programm.

Fort Lauderdale

7 km südlich der Stadt liegt der *Fort Lauderdale-Hollywood International Airport (FLL). Airport Shuttle Service* zu den Hotels im Stadtgebiet.

Fort Myers

Der *Southwest Florida International Airport (RSW)* bedient die gesamte Region. Taxen fahren für 8 $ pro Zone nach Fort Myers, an den Strand und in benachbarte Städte.

Miami

Miami International Airport (MIA), 10 km vom Zentrum. Die Mietwagenfirmen sind in der Ankunftshalle im Untergeschoss. Busse zum Zentrum und zu Umgebungszielen: *SuperShuttle (Fahrzeit bis zu 60 Min., 11 $ nach Miami, 13 $ nach Miami Beach, Tel. 305/876-70 24)*. Abfahrt vor dem Terminal.

Orlando

Orlando International Airport (ORL). Mietwagenschalter im Hauptgebäude. Zwischen Flughafen und Walt Disney World verkehrt *Lynx Buses (Downtown Orlando und International Drive jeweils 1,25 $, Abfahrt Commercial Lane, B 12–14).*

Tampa

Tampa International Airport (TPA), 10 km westlich vom Zentrum. Mietwagenschalter in der Ankunftshalle. Taxen fahren für etwa 17 $ nach Downtown. *The Limo (Fahrzeit ca. 50 Min., Tel. 727/572-11 11)* fährt die Hotels an den Stränden an. Abfahrt vor allen vier Terminals.

AUSKUNFT

Über die zentrale Servicenummer *0700-84 74 88 72 (12 Cent/Minute)* erfahren Sie konkrete Auskunftsstellen und können eine Liste mit Veranstaltern, Hotels und Mietwagenagenturen anfordern. Auskunft in Florida: *Visit Florida, P.O. Box 1100, Tallahassee, FL 32302-1100, Tel. 850/488-56 07, www.flausa.com*

AUTO

Mit dem Führerschein aus dem Heimatland dürfen Sie auch in

Amerika Auto fahren. Das Straßennetz ist perfekt ausgebaut und anhand von Nummern und Straßentypus *County Road, US Highway, Interstate* (Autobahn) klassifiziert.

Die Höchstgeschwindigkeit beträgt auf *Interstates* 70 Meilen/h, auf *Highways* 55–65 Meilen/h, in der *Stadt* 30–35 Meilen/h. Für einige Straßen und Brücken wird Maut *(toll)* verlangt. Besonderheiten bei den Verkehrsregeln: An ampelgeregelten Kreuzungen dürfen Sie bei Rot rechts abbiegen (Ausnahmen sind ausgeschildert). Der so genannte *3-way-* oder *4-way-stop,* also eine Kreuzung mit Stoppzeichen an allen Einmündungen, regelt die Vorfahrt nach dem Prinzip: Wer zuerst kommt, fährt zuerst. Auf mehrspurigen Straßen ist Rechtsüberholen gestattet. Wenn allerdings Schulbusse am Straßenrand halten und ihr Warnblinklicht anschalten, muss der Verkehr in beiden (!) Richtungen stoppen.

Autobahnraststätten gibt es nicht, dafür aber Tankstellen an vielen Ausfahrten. Die Maßeinheit für Benzin ist *gallon;* bleifrei = *unleaded.*

Bei Pannen hilft die *AAA (American Automobile Association).* Für Mitglieder von *ADAC, TCS* oder *ÖAMTC* ist der Service *(Tel. 1-800-222-43 57)* kostenlos.

CAMPING & JUGENDHERBERGEN

Viele der schönsten Campingplätze befinden sich in den State Parks. Den *Florida State Park Guide* mit Campingverzeichnis verschickt das *Department of Environmental Protection (Office of Recreation and Parks, 3900 Commonwealth Blvd., Mail Station 536, Tallahassee, FL 32399-3000, Tel. 850/488-98 72, Fax 922-49 25, www.floridastateparks.org).* Jugendherbergsbetten in *AYH Youth Hostels* müssen im Voraus reserviert werden *(www.hiayh.org).*

DIEBSTAHL

In Florida sind heute keine besonderen Vorsichtsmaßnahmen nötig. Die *Tourist Oriented Police (T.O.P.)* in Miami hat wesentlich dazu beigetragen, dass die Sicherheit für Besucher gewachsen ist. Vorbeugend werden viele Rastplätze von der Polizei überwacht.

DIPLOMATISCHE VERTRETUNGEN

Deutsches Generalkonsulat
Mo–Fr 9–12 Uhr, 100 N Biscayne Blvd., Suite 2200, Miami, Tel. 305/358-02 90, Fax 358-03 07, www.gkmiami.com

Österreichisches Konsulat
Mo–Fr 9–17 Uhr, 1454 NW 17th Ave., Suite 200, Miami, Tel. 305/325-15 61, Fax 325-15 63

Schweizer Konsulat
Mo–Fr 9–14 Uhr, 825 Brickell Bay Dr., Miami, Tel. 305/377-67 00, Fax 377-99 36

EINREISE

Erforderlich ist der rote, maschinenlesbare Europa-Reisepass. Für neu ausgestellte Pässe sind ab Ende Oktober 2005 auch biometrische Daten vorgeschrieben, sonst ist ein Visum wie bei einem Aufenthalt über 3 Monaten erforderlich. Detaillierte Infos unter *www.dhs.gov.*

GELD, BANKEN & KREDITKARTEN

1 Dollar = 100 Cent. Scheine *(bills)* gibt es in den Stückelungen 1, 2, 5, 10, 20, 100 $. Münzen *(coins)* in den Stückelungen 1, 5, 10, 25, 50 ¢, auch *penny* (1 ¢), *nickel* (5 ¢), *dime* (10 ¢), *quarter* (25 ¢), *buck* (1 $) genannt. US-Banken *(Öffnungszeiten meist Mo–Do 10–15, Fr 10–17 Uhr)* arbeiten oft nicht als Wechselstuben. Sie lösen allerdings Reiseschecks ein und zahlen Bargeld an Kreditkarteninhaber aus. Wechselstuben gibt es auf den Flughäfen und in Hotels. Populärstes Zahlungsmittel sind Kreditkarten. Gleichermaßen akzeptiert sind Reiseschecks von *American Express (bei Verlust: Tel. 1-800-221-72 82)*, von *Visa (Tel. 1-800-465-46 53)* oder anderen Banken. Selbst mit der ec-Karte können Sie an manchen Automaten vergleichsweise günstig Geld abheben. Voraussetzung: die Akzeptanz von *Maestro*.

€	US$
1	1,20
2	2,40
3	3,60
5	6,00
7	8,40
10	12,00
25	30,20
75	90,60
100	121,00

US$	€
1	0,83
2	1,65
3	2,50
5	4,15
7	5,80
10	8,30
25	20,70
75	62,10
100	83,00

GESUNDHEIT

Die Notaufnahmeabteilungen *(Emergency Rooms, ER)* der Krankenhäuser sind verpflichtet, alle Patienten zu behandeln, auch die, die nicht in den USA krankenversichert sind. Von solchen verlangt man stets eine Kreditkarte. Schließen Sie unbedingt vor der Reise eine Auslandskrankenversicherung ab!

HOTELKETTEN

Hotelketten gewährleisten Qualitätsstandards. Fast immer gehört ein Pool dazu. Über eine gebührenfreie Telefonnummer können Sie sie innerhalb der USA reservieren. Die wichtigsten Hotelketten sind:

Best Western	*800/528-12 34*
Choice Hotels	*800/221-22 22*
Days Inn	*800/325-25 25*
Doubletree	*800/222-87 33*
Hampton Inn	*800/426-78 66*
La Quinta	*800/531-59 00*
Motel 6	*800/466-83 56*
Red Roof Inn	*800/843-76 63*
Travelodge	*800/255-30 50*

INTERNET

Adressen wie *www.flausa.com*, *www.floridainfo.com*, *www.yesflorida.com*, *www.see-florida.com* sowie die allgemeine Website *www.50-sterne.de* bieten breit gefächerte Infos über Sehenswürdigkeiten, Restaurants, Lifestyle, Wetter etc. Die Verzeichnisse (manche in Deutsch) haben einen Haken: Sie sind meist elektronische Werbebroschüren. Unternehmen bezahlen dafür, aufgelistet zu werden.

INTERNETCAFÉS

Die hohe Zeit der Internetcafés ist vorbei, denn fast jeder hat seinen Computer zu Hause. Schauen Sie am besten in die Gelben Seiten *(yellow pages)* des Telefonbuchs vor Ort. Am ehesten finden Sie Internetcafés in Miami. Immer mehr Hotels unterhalten auch einen *business center* mit Internetanschluss als kostenlose Serviceleistung.

KLIMA

Im Norden Floridas herrscht gemäßigtes Klima. Im Winter sinken die Temperaturen auf 10 Grad, Nachtfröste sind möglich. Südlich von Orlando herrscht schwül-heißes Sommerwetter (Mittagstemperaturen häufig um 35 Grad) und mild-trockene Winterluft.

MASSEINHEITEN

1 mile	=	1,61 km
1 gallon	=	3,787 l
1 pound	=	453,59 g
33 ° Fahrenheit	=	0 ° Celsius
77 ° Fahrenheit	=	25 ° Celsius
95 ° Fahrenheit	=	35 ° Celsius

Damengrößen (Kleider):
4 = 34; 6 = 36; 8 = 38; 10 = 40
12 = 42 etc.
Herrengrößen:
36 = 46; 38 = 48; 40 = 50 etc.

MIETWAGEN

Floridas Mietwagen sind preisgünstig (ab 150 $ pro Woche, inkl. aller gefahrenen Kilometer = *unlimited mileage).* Innerhalb der USA allerdings sollte man darauf achten, dass die Kreditkarte nicht zu tief im Minus ist, denn die Mietwagenfirma beleiht die Karte während der Vertragsdauer mit dem vollen Mietpreis. Telefonische Reservierung (innerhalb der USA kostenlos):

Avis	*1-800/331-12 12*
Budget	*1-800/527-07 00*
Dollar	*1-800/800-40 00*
Hertz	*1-800/654-31 31*
National	*1-800/328-45 67*

Angebote in Europa schließen oft die in den USA teure Schadensversicherung *(CDW)* und zusätzlichen Haftpflichtschutz mit ein. Vor Ort bestehen manche Mietwagenfirmen auf einem Mindestalter von 25 Jahren. Zu den etwas abseits gelegenen Niederlassungen an großen Flughäfen fahren meist Zubringerbusse. Weitere Infos zu Mietwagen finden Sie unter *www.marcopolo.de.*

NOTRUF

911 ist die von allen Fernsprechern aus kostenlose Notrufnummer für Polizei und medizinische Notfälle.

POST

Postämter sind *Mo–Fr 8.30–17,* manche auch *Sa 8.30–12 Uhr* geöffnet. Eine Postkarte nach Europa kostet 0,70 $.

PREISE

Fast überall in den USA – und auch in diesem Reiseführer – werden die Preise ohne Steuer genannt. Es kommen also noch 6 Prozent *sales tax* hinzu sowie bei Hotels und Restaurants noch eine *tourist impact tax,* die von County zu County unterschiedlich hoch ausfällt.

STROM

110 Volt/60 Hertz. Kleingeräte (Fön, Rasierapparat) funktionieren mit Adapter für die Steckdosen.

TELEFON & HANDY

Zusätzlich zum Selbstwähldienst gibt es die Vermittlung *(operator,* zu erreichen über die *0).* Sie stellt inneramerikanische R-Gespräche her und hilft beim Telefonieren mit US-Telefonkreditkarten. In Telefonzellen kostet ein Gespräch mindestens 0,25 $. Hotels verlangen entschieden mehr. Beide sind teurer als die Tarife von Telefonkarten, die es an Kiosken, Tankstellen und in Supermärkten gibt (Preise pro Minute vergleichen!). Mit Hilfe einer Gratisnummer und eines Kartencodes können Sie von Privatanschlüssen auf diese Art bargeldlos telefonieren. In Münzfernsprechern sollte man diese Karten nur bei Ferngesprächen benutzen: Pro Gespräch wird von vielen Betreibern eine verhältnismäßig hohe Vermittlungsgebühr erhoben.

Ferngespräche USA-intern: vor der Vorwahl *(area code)* eine *1* wählen, gebührenfrei: *area code 800* oder *888.* Gespräche nach Deutschland: Direktwahl *01149 (Ös-*

Was kostet wie viel?

Espresso	**4,50 Euro** in schönem Ambiente
Wein	**8,50 Euro** 1 Glas im News Café
Snack	**8 Euro** Hühnchensalat im Straßenbistro
Benzin	**0,46 Euro** pro Liter bleifrei
T-Shirt	**17 Euro** mit dem rosa Florida-Flamingo
Taxi	**26 Euro** von Miami Airport nach Miami Beach

terreich 01143, Schweiz 01141), dann die Ortsvorwahl ohne *0* und die Nummer. R-Gespräche und T-Card-Anrufe (bei der Telekom erfragen) über Fernsprechamt Frankfurt, kostenlos zu erreichen unter *1-800-292-0049.* Vorwahl in die USA: *001*. Es funktionieren in Amerika nur deutsche Tri-Band-Handys.

TRINKGELD

Kellner erwarten 15–20 Prozent vom Rechnungsbetrag. Nur in Touristenzentren ist das Trinkgeld *(gratuity, tip)* oft schon enthalten. Hotelgepäckträger *(bell boys)* rechnen mit mindestens 1 $ pro Gepäckstück.

ZEIT

In Florida gilt *Eastern Standard Time* (MEZ –6 h), westlich der Linie Chattahoochee – Apalachicola *Central Standard Time* (MEZ –7 h). Sommerzeit: vom ersten Aprilsonntag bis zum letzten Oktobersonntag.

ZOLL

Bei Einreise in die USA sind zollfrei: 1 l Alkohol über 22 Prozent, 200 Zigaretten oder 50 Zigarren. Viele, vor allem frische Lebensmittel dürfen nicht eingeführt werden.

In die EU zollfrei eingeführt werden dürfen: 1 l Spirituosen, 200 Zigaretten oder 100 Zigarillos oder 50 Zigarren oder 250 g Tabak, 50 g Parfüm oder 250 g Eau de Toilette und andere Artikel (ausgenommen Gold) im Gesamtwert von 175 Euro, bzw. 100 Franken für die Schweiz.

Die Einfuhr von Korallen und Alligatorleder (Gürtel, Taschen) nach Europa ist verboten.

Wetter in Miami

	Jan.	Feb.	März	April	Mai	Juni	Juli	Aug.	Sept.	Okt.	Nov.	Dez.
Tagestemperaturen in °C	23	24	25	26	28	30	31	31	30	28	26	24
Nachttemperaturen in °C	18	18	19	21	23	25	25	26	25	23	21	18
Sonnenschein Std./Tag	8	8	9	9	9	8	8	8	7	7	8	7
Niederschlag Tage/Monat	6	5	4	5	8	13	13	14	15	13	6	3
Wassertemperaturen in °C	22	23	24	25	28	30	31	32	30	28	25	23

Do you speak American English?

»Sprichst du Englisch?«
Dieser Sprachführer hilft Ihnen, die wichtigsten Wörter und Sätze auf Englisch zu sagen

Zur Erleichterung der Aussprache sind alle englischen Begriffe und Wendungen mit einer einfachen Aussprache (in eckigen Klammern) versehen. Folgende Zeichen sind Sonderzeichen:

ə	nur angedeutetes »e« wie in bitte
θ	[s] gesprochen mit der Zungenspitze zwischen den Zähnen
'	die nachfolgende Silbe wird betont

AUF EINEN BLICK

Ja/Nein	Yes [jäs]/No [nəu]
Vielleicht	Perhaps [pə'häps]/Maybe ['mäibih]
Bitte/Danke	Please [plihs]/Thank you ['θänkju]
Gern geschehen.	You're welcome. [joh 'wälkəm]
Entschuldigung!	Excuse me! [ikskjus mi]
Wie bitte?	Pardon? ['pahdn]
Ich verstehe Sie/dich nicht.	I don't understand. [ai dəunt andə'ständ]
Können Sie mir bitte helfen?	Can you help me, please? ['kən ju 'hälp mi plihs]
Guten Tag!	Good morning! [gud 'mohning]/ evening! ['ihwning] (je nach Tageszeit)
Hallo! Grüß dich!	Hello! [hə'ləu]
Hallo, wie geht's?	Hi! How are you? [hai! hau ar ju?]
Wie ist Ihr/dein Name?	What's your name? [wots joh 'näim]
Mein Name ist ...	My name is ... [mai näim is]
Ich komme aus ...	I'm from ... [aim frəm]
... Deutschland.	... Germany. ['dschöhməni]
... Österreich.	... Austria. ['ohstriə]
... der Schweiz.	... Switzerland. ['switsələnd]
Auf Wiedersehen!	Goodbye! [,gud'bai]/Bye-bye! [,bai'bai]
Tschüss!	See you! [sih ju]/Bye! [bai]
Schönen Tag noch.	Have a nice day. ['həw a naiß däi]
Hilfe!	Help! [hälp]
Rufen Sie bitte ...	Please call ... ['plihs 'kohl]

… einen Krankenwagen.	… an ambulance. [ən 'ämbjuləns]
… die Polizei.	… the police. [θə pə'lihs]

UNTERWEGS

Bitte, wo ist …	Excuse me, where's … [iks'kjuhs 'mih 'weəs]
… der Bahnhof?	… the train station? [θə träin 'stäischn]
… der Flughafen?	… the airport? [θə 'eəpoht]
… die (Bus-)Haltestelle?	… the (bus)stop? [θə (bas)stəp]
… der Taxistand?	… the taxi rank? [θə 'täksiränk]
… die Autovermietung?	… the car rental station? [θə 'kahrentl stäischn]
Bus/Fähre/Zug	bus [bas]/ferry ['färi]/train [träin]
Wo kann ich einen Fahrschein kaufen?	Where can I buy a ticket? ['weə kən‿ai bai‿ə 'tikit]
Können Sie mir bitte sagen, wie ich nach … komme?	Could you tell me how to get to …, please? ['kud‿ju 'täl me hau tə gät tə ... plihs]
Gehen Sie geradeaus.	Go straight on. [gəu sträit 'on]
Gehen Sie nach links/rechts.	Turn left/right. [töhn 'läft/'rait]
Erste/Zweite Straße links/rechts.	The first/second street on the left/right. [θə 'föhst/'säknd striht on θə 'läft/'rait]
nah/weit	near [niə]/far [fah]
Überqueren Sie …	Cross … ['kros]
… die Brücke.	… the bridge. [θə 'bridsch]
… den Platz.	… the square. [θə 'skweə]
… die Straße.	… the street. [θə 'striht]
Ich möchte … mieten.	I'd like to rent … [aid' laik tə rent]
… ein Auto …	… a car. [ə 'kah]
… ein Fahrrad/ein Boot …	… a bike. [ə 'baik]/… a boat. [ə 'bəut]
offen/geschlossen	open ['əupn]/closed [kləusd]
drücken/ziehen	push [pusch]/pull [pull]
Eingang/Ausgang	entrance ['äntrəns]/exit ['ägsit]
Wo sind bitte die Toiletten?	Where are the restrooms, please? ['weərə θə 'restrums plihs]
Damen/Herren	Ladies ['läidies]/Gentlemen ['dschäntlmən]

SEHENSWERTES

Wann ist das Museum geöffnet?	When is the museum open? ['wän is θə mju'siəm 'əupn]
Wann beginnt die Führung?	When does the tour start? ['wän das θə 'tuə 'staht]
Altstadt	the old town [θi‿'əuld 'taun]
Ausstellung	exhibition/show [,äksi'bischn/schou]
Gottesdienst	service ['söhwis]
Kirche	church [tschöhtsch]

Rathaus	city/town hall ['siti/'taun 'hohl]
Stadtplan	map of town ['mäp‿əw 'taun]
Stadtzentrum	town centre ['taun 'säntə]/ downtown [dauntaun]

DATUMS- & ZEITANGABEN

Montag	Monday ['mandäi]
Dienstag	Tuesday ['tjuhsdäi]
Mittwoch	Wednesday ['wänsdäi]
Donnerstag	Thursday ['θöhsdäi]
Freitag	Friday ['fraidäi]
Samstag	Saturday ['sätədäi]
Sonntag	Sunday ['sandäi]
heute/morgen	today [tə'däi]/tomorrow [tə'morəu]
täglich	every day ['äwri 'däi]/daily ['däili]
Wie viel Uhr ist es?	What time is it? [wot 'taim‿is‿it]
Es ist 3 Uhr.	It's three o'clock. [its 'θrih‿ə'klok]
Es ist halb 3.	It's half past two. [its 'hahf pahst tuh]
Es ist Viertel vor 3.	It's quarter to three. [its 'kwohtə tə 'θrih]
Es ist Viertel nach 3.	It's quarter past three. [its 'kwohtə pahst 'θrih]

ESSEN & TRINKEN

Die Speisekarte, bitte.	May I have the menu, please. ['mäi ai häw θə 'mänjuh plihs]
Ich nehme …	I'll have … [ail häw]
Bitte ein Glas …	A glass of …, please [ə 'glahs‿əw ... plihs]
Besteck	cutlery ['katləri]
Messer/Gabel/Löffel	knife [naif]/fork ['fohk]/spoon ['spuhn]
Vorspeise	hors d'œuvre [oh'döhwr]/starter ['stahtə]
Hauptgericht	main course ['mäin 'kohs]/entrée [əntre]
Nachspeise	dessert [di'söht]
Salz/Pfeffer	salt [sohlt]/pepper ['päpə]
scharf	hot [hot]/spicy [spaisi]
Ich bin Vegetarier/in.	I'm a vegetarian. [aim a ‚wädschi'teəriən]
Trinkgeld	tip [tip]
Die Rechnung, bitte.	May I have the check, please? ['mäi ai häw θə 'tschek plihs]

EINKAUFEN

Wo finde ich …	Where can I find … ['weə 'kən‿ai 'faind]
… eine Apotheke?	… a pharmacy? [ə 'famaßi]
… eine Bäckerei?	… a bakery? [ə bäikəri]
… ein Kaufhaus?	… a department store? [ə di'pahtmənt stoh]
… einen Markt?	… a market? [ə 'mahkit]

Haben Sie …?	Do you have …? [dju 'həw]
Ich möchte …	I'd like … [aid 'laik]
Ein Stück hiervon, bitte.	A piece of this, please. [ə pihs əw θis plihs]
Eine Einkaufstüte, bitte.	A bag, please. [ə bäg plihs]
Das gefällt mir (nicht).	I (don't) like it. [ai (dəunt) laik‿it]
Wie viel kostet es?	How much is it? ['hau 'matsch is it]
Nehmen Sie Kreditkarten?	Do you take credit cards? [du‿ju täik 'kräditkahds]

ÜBERNACHTEN

Ich habe bei Ihnen ein Zimmer reserviert.	I've reserved a room. [aiw ri'söhwd‿ə 'ruhm]
Haben Sie noch Zimmer frei?	Do you have any vacancies? [dju 'həw äni 'wäikənsis]
ein Einzelzimmer	a single room [ə 'singl ruhm]
ein Doppelzimmer	a double room [ə 'dabl ruhm]
mit Dusche/Bad	with a shower/bath [wiθ ə 'schauə/'bahθ]
Was kostet das Zimmer?	How much is the room? ['hau 'matsch is θə ruhm]
Frühstück	breakfast ['bräkfəst]
Vollpension	American Plan ['amerikan plän]

PRAKTISCHE INFORMATIONEN

Können Sie mir einen Arzt empfehlen?	Can you recommend a doctor? [kən ju ˌräkə'mänd ə 'doktə]
Ich habe hier Schmerzen.	I've got pain here. [aiw got päin 'hiə]
Ich habe Durchfall.	I've got diarrhoea. [aiw got daiə'riə]
Kinderarzt/Zahnarzt	pediatrician [ˌpihdiə'trischn]/dentist ['däntist]
Eine Briefmarke, bitte.	One stamp, please. [wan stämp 'plihs]
Wo ist bitte …	Where's … , please? ['weəs ... plihs]
… die nächste Bank?	… the nearest bank … [θə 'niərist 'bänk]
… der nächste Geldautomat?	… the nearest ATM … [θə 'niərist 'äitiem]

ZAHLEN

1	one [wan]	11	eleven [i'läwn]
2	two [tuh]	12	twelve [twälw]
3	three [θrih]	20	twenty ['twänti]
4	four [foh]	50	fifty ['fifti]
5	five [faiw]	100	a (one) hundred [ə ('wan) 'handrəd]
6	six [siks]	200	two hundred ['tuh 'handrəd]
7	seven ['säwn]	500	five hundred ['faiw 'handrəd]
8	eight [äit]	1000	a (one) thousand [ə ('wan) 'θausənd]
9	nine [nain]	1/2	a half [ə 'hahf]
10	ten [tän]	1/4	a (one) quarter [ə ('wan) 'kwohtə]

Reiseatlas Florida

Die Seiteneinteilung für den Reiseatlas finden Sie auf dem hinteren Umschlag dieses Reiseführers

Kartenlegende Reiseatlas

23 Autobahn mit Anschlussstelle
Motorway with junction

Datum, Date — Autobahn in Bau
Motorway under construction

Datum, Date — Autobahn in Planung
Motorway projected

Raststätte ohne Übernachtungsmöglichkeit
Roadside restaurant

Tankstelle
Filling-station

Straße mit zwei getrennten Fahrbahnen
Dual carriage-way

Durchgangsstraße
Thoroughfare

Wichtige Hauptstraße
Important main road

Hauptstraße
Main road

Sonstige Straße
Other road

10 225 2 90 — Straßen-Nummern
Road numbers

Fernverkehrsbahn
Main line railway

Autofähre
Car ferry

Schifffahrtslinie
Shipping route

Landschaftlich besonders schöne Strecke
Route with beautiful scenery

Straße gegen Gebühr befahrbar
Toll road

Straße für Kraftfahrzeuge gesperrt
Road closed to motor traffic

15% Bedeutende Steigungen
Important gradients

TALLAHASSEE — Hauptstadt eines Bundesstaates
State capital

Grenze eines Bundesstaates
State boundary

Zeitzonengrenze
Time zone boundary

Verkehrsflughafen
Airport

Regionalflughafen
Regional airport

Flugplatz
Airfield

Kultur
Culture

★★ St.Augustine, ★★ Sea World — Eine Reise wert
Worth a journey

★ Apalachicola, ★ Fort Pickens — Lohnt einen Umweg
Worth a detour

Landschaft
Landscape

★★ Florida Keys, ★★ Playalinda Beach — Eine Reise wert
Worth a journey

★ Amelia Island, ★ Silver Springs — Lohnt einen Umweg
Worth a detour

Besonders schöner Ausblick
Important panoramic view

Ausflüge & Touren
Excursions & tours

Nationalpark, Naturpark
National park, nature park

Bundesstaatlicher Park
State park

Indianerreservat
Indian reservation

Sperrgebiet
Prohibited area

Kanal
Canal

Sumpf
Swamp

Mangrove
Mangrove

Korallenriff
Coral reef

4807 — Bergspitze mit Höhenangabe in Metern
Mountain summit with height in metres

(630) — Ortshöhe
Elevation

Schloss, Burg
Palace, castle

Schloss-, Burgruine
Palace ruin, castle ruin

Denkmal
Monument

Wasserfall
Waterfall

Höhle
Cave

Ruinenstätte
Ruins

Sonstiges Objekt
Other object

Campingplatz
Camp site

Jugendherberge
Youth hostel

Badestrand
Beach

A
B
C
a
b
P
a
1
2
3
4
5
6
Lottie
Freeman-ville
Robinsonville
Perdido
Atmore
Flomaton
Brewton
East Brewton
Riverview
Pollard
Dixonville
McLellen
Conecuh
Dixie
Rome
Bradley
Wing
Yellow
Lockhart
Florala
Paxton
Bratt
Byrneville
Century
Mt. Carmel
Bluff Springs
Oak Grove
Walnut Hill
Jay
Fidelis
Berrydale
Escambia
Brownsdale
Coldwater
Blackwater River S. F.
Munson
Blackman
Laurell Hill
Svea
Oak Grove
Campton
Cannon Town
Garden City
Auburn
McDavid
Enon
McKinnon
Bay Springs
Barth
Chumuckla
Allentown
Baker
Crestview
Dorcas
Deerland
Mossy Head
Barrineau Park
Molino
Point Baker
Galliver
Holt
Milligan
Styx River Water World
Wallace
Blackwater River S.P.
Harold
East Milton
Cantonment
Cottage Hill
Pace
Milton
Gonzalez
Pine Forest
Bagdad
Beulah
FERRY PASS
Eglin Air Force Base
Ensley
Seminole
Avalon Beach
Valparaiso
Niceville
F. Gannon Rocky Bay S.R.A.
Bellview
Pensacola Reg. Airp.
East Bay
Holley
Mary Esther
Air Force Armam. Mus.
Choctaw Beach
Choctawhatchee Bay
Elberta
West Pensacola
PENSACOLA
Lillian
Shalimar
Myrtle Grove
Warrington
Pensacola Bay
Zoo
Navarre
Floresa
Fort Walton Beach
Destin
Miflin
Nat'l. Mus. of Nav. Aviation
Perdido Beach
Gulf Breeze
Oriole Beach
Gulfarium
Josephine
Gulf Beach
Seaglades
Santa Rosa Island
Henderson Beach S.R.A.
Santa Rosa Beach
Perdido Key
Fort Pickens
Pensacola Beach
Grayton Beach
Gulf State Park
Gulf Islands National Seashore
G u l f o f
20 miles
20 km
Distances in miles

D
E
F
Samson
Geneva
Eunola
Black
Hartford
Malvern
Slocomb
Rehobeth
Taylor
Fadette
Madrid
Cottonwood
Cedar Springs
Gordon
Pansey
Avon
Killarney
Colquitt
Jakin
Donalsonville
Iron City
Brinson
Chattahoochee S.P.
Gaskin
Darlington
Sweet Gum Head
New Hope
Pittman
Izagora
Esto
Noma
Graceville
Campbellton
Grangeburg
Malone
Bascom
Leonia
Glendale
Prosperity
Jacob City
Greenwood
Florida Caverns State Park
Lovedale
Two Egg
Dellwood
Reynoldsville
Ponce de Leon Springs S.R.A.
Westville
Caryville
Bonifay
Cottondale
Chipley
Marianna
Seminole S.P.
Lake Seminole
De Funiak Springs
Ponce de Leon
Argyle
Falling Waters S.R.A.
Oak Hill
Kynesville
Alford
Oakdale
Cypress
Grand Ridge
Sneads
Three Rivers S.R.A.
Chattahoochee
Rosedale
Hardaway
Rock Hill
Redbay
Live Oak
Vernon
Wausau
Round Lake
Sink Creek
Torreya S.P.
New Hope
Sand Mtn.
Compass Lake
Altha
Chipola
Roch Bluff
Greensboro
Freeport
Red Head
Greenhead
Chason
Fountain
Carr
Pine Island
Bruce
Ebro
Crystal Lake
Clarksville
Blountstown
White Springs
Eden State Gardens
Point Washington
Bennett
Youngstown
West End
Frink
Bristol
Lake Mystic
Hosford
Seaside
Seagrove Beach
Inlet Beach
Westbay
Vicksburg
Southport
Woods
Telogia
Laguna Beach
West Bay
Panama City Bay Co. Int'l. Airp.
Lynn Haven
Bayou George
Scotts Ferry
Estiffanulga
Kinard
Chipola Park
Dead Lake
Orange
Vilas
Panama City Beach
Hiland Park
Cedar Grove
PANAMA CITY
Springfield
Dead Lakes S.R.A.
Wilma
National Forest
St. Andrews Bay
Parker
Callaway
St. Andrews St. R. Area
East Bay
Wewahitchka
Honeyville
Sumatra
Crooked Island
Overstreet
Dalkeith
Willis Landing
Mexico Beach
Beacon Hill
St. Josephs Point
Intracoastal Waterway
White City
Highland View
Carrabelle Beach
St. Joseph Peninsula State Park
Port St. Joe
Oak Grove
Ward Ridge
Bay City
John Gorrie State Mus.
St. George Island S.P.
Eastpoint
St. Joseph Bay
St. Joseph Peninsula
Apalachicola
Cape San Blas
Indian Pass
St. Vincent N. W. R.
St. Vincent Island
Apalachicola Bay
St. George Island
West Pass
Cape St. George
Central Time Zone (-6h Greenwich Time)
Eastern Time Zone (-5h Greenwich Time)
Mexico
1
2
3
4
5
6

A
B
C
1
2
3
4
5
6
Colquitt
Hopeful
Branchville
Pelham
Cotton
Hinsonton
Riverside
Moultrie
Ellenton
Babcock
Boykin
Vada
Meigs
Murphy
Autreyville
Berlin
Little
Barney
Eldorendo
Iron City
Brinson
Ochlocknee
Coolidge
Merrillville
Pavo
Morven
G
e
o
Bainbridge
Whigham
Cairo
Thomasville
Barwick
Reynoldsville
Climax
Pine Park
Lapham-Patterson House St. Hist. Site
Fowlstown
Pebble Hill Plant.
Boston
Dixie
Quitman
Lake Seminole
Faceville
Attapulgus
Amsterdam
Reno
Calvary
Moncrief
Metcalf
Chattahoochee
Mount Pleasant
Concord
Hinson
Iamonia
Rosedale
Hardaway
Gretna
Quincy
Havana
L. Iamonia
Miccosukee
Lake Miccosukee
Ashville
Lovett
Cherry Lake
Greensboro
L. Jackson
Bradfordville
A. B. Maclay State Gard.
Monticello
Drifton
Midway
Lake Talquin
San Luis N. H. S.
Chaires
Capitola
Lloyd
Waukeenah
Capps
Aucilla
Greenville
Madison
L. Talquin S. R. A.
Tallahassee Regional Airport
TALLAHASSEE
Hosford
Bloxham
Wacissa
Thomas City
Lamont
Sirmans
Telogia
Ochlockonee
Apalachicola
Woodville
Natural Bridge Battlefield St. Hist. Site
Eridu
Iddo
Shady Grove
Lake Bird
Wakulla Springs S. P.
Wakulla
Arran
Shadeville
Newport
National
Crawfordville
St. Marks
San Marcos de Apalache St. Hist. Site
Econfina
Boyd
Forest Capital State Museum
Perry
St. Marks National Wildlife Refuge
Medart
Econfina River S. P.
Hampton Springs
Fenholloway
Forest
Sopchoppy
Ochlockonee River S. P.
Panacea
Shell Point
Piney Island
Apalachee Bay
Athena
Bald Point
St. Teresa
Lighthouse Point
Lanark Village
Carrabelle
Carrabelle Beach
St. George Sound
Dog Island
Dekle Beach
Keaton Beach
East Pass
St. George Island S. P.
Piney Point
St. George Island
Steinhatchee
Deadman Bay
Horseshoe
Gulf of Mexico
20 miles
20 km
Distances in miles

D
E
F
r
g
i
a
Valdosta
Valdosta Reg. Airport
Little Miami
Lakeland
Ray City
Homerville
Cogdell
Argyle
Travisville
Manor
Dixon Mem. S.P.
Laura S. Walker S.P.
Hoboken
Nahunta
Hickox
Okefenokee
Race Pond
Winokur
Jerusalem
Du Pont
Stockton
Naylor
Bemiss
Haylow
Howell
Mayday
Fruitland
Dasher
Twin Lakes
Lake Park
Statenville
Tarver
Needmore
Fargo
Edith
Council
Suwannoochee
Suwannee
Okefenokee National Wildlife Refuge and Wilderness Area
Okefenokee Swamp
Homeland
Folkston
Traders Hill
Boulougne
Kings
Hilliard
Callahan
Melrose
Jennings
Bakers Mill
Cypress Creek
Moniac
St. George
Crawford
Jasper
Taylor
Verdie
Bryceville
Osceola National Forest
Suwannee River S.P.
Ellaville
Suwannee Springs
Falmouth
White Springs
Stephen Foster St. Folk Culture Center
Baldwin
Glen Saint Mary
Macclenny
Newburn
Live Oak
Houston
Sanderson
Dowling Park
Wellborn
Five Points
Ocean Pd.
Olustee
Olustee Battlefield St. Hist. Site
Lake City
Watertown
Lulu
Peacock Springs S.R.A.
Luraville
McAlpin
Columbia
Highland
Raiford
Middleburg
Mayo
Alton
O'Brien
Ichetucknee Springs S.P.
Santa Fe
Lake Butler
Lawtey
Kingsley Lake
Providence
Dukes
New River
Cooks Hammock
Branford
Hildreth
Mikesville
Worthington Springs
Lake Sampson
Sampson City
Starke
Fort White
Brooker
Hampton
Theressa
High Springs
Santa Fe
La Crosse
Graham
Alachua
Waldo
Keystone Hts.
Lake Geneva
Hague
Devils Millhopper St. Geo. Site
Fairbanks
Orange Heights
Earleton
San Felasco Hammock S.P.
Gainesville Reg. Airp.
Melrose
Putnam Hall
Grandin
Wannee
Fanning Springs
Newberry
GAINESVILLE
Campville
Cross City
Shamrock
Trenton
Kanapaha Botanical Gardens
Interlachen
Old Town
Fred Bear Mus.
Rochelle
Grove Park
Johnson
Hawthorne
Edgar
Marjorie Rawlings St. Hist. Site
Archer
Micanopy
Paynes Prai. S.P.
Cross Cr.
Lochloosa
Orange Springs
Manatee Springs State Park
Chiefland
Evinston
Island Grove
Horseshoe Beach
Bronson
Raleigh
McIntosh
Orange Lake
Citra
Fort McCoy
Fowler Bluff
Williston
E. Williston
Flemington
Reddick
Lower Suwannee National Wildlife Refuge
Suwannee
L. Stafford
Montbrook
Fairfield
Lowell
Eureka
Hog Island
Ellzey
Otter Creek
Martin
Sparr
Anthony
Suwannee Sound
Waccasassa Bay Cedar Key Scrub S.P.
Rosewood
Gulf Hammock
Morriston
Fellowship
Zuber
Kendrick
Silver Springs
Sumner
Martel
Silver Springs
OCALA
Cedar Keys
Cedar Key State Museum
Cedar Key
Waccasassa Bay
Rainbow Lake Estates
Walt Disney World Information Cen.
Silver Springs Shore
Shady
Santos
Candler
Lebanon
Rainbow Springs S.P.
Dunnellon
Belleview
Oklawaha
Cedar Keys National Wildlife Refuge
Yankeetown
Inglis
L. Rousseau
Citrus Springs
Marion Oaks
Summerfield
Weirsdale
Red Level
Holder
Lady Lake
Crystal River St. Archaeological Site
Beverly Hills
Hernando
Oxford
Crystal
Crystal Bay
Wildwood
Homosassa Bay
Lecanto
Rutland
121
123

A
B
C
20 miles
20 km
ATLANTIC
OCEAN
Brunswick
Toll Bridge
Sea Island
St. Simons Island
Jekyll Island Authority S.R.P.
Jekyll Island Park
Jekyll Island
St. Andrews Sound
Cumberland Island
Cumberland Island National Seashore
Nahunta
Hickox
Waverly
White Oak
Winokur
Tarboro
Jerusalem
Woodbine
Satilla
Harrietts Bluff
Crooked River S.P.
Kingsland
Kings Ferry
Boulougne
Lessie
St. Marys
Naval Submarine Support Base Kings Bay
Fort Clinch S.P.
Fort Clinch
Hilliard
Evergreen
Becker
Chester
Fernandina Beach
Yulee
O'Neil
Amelia Island
Amelia City
American Beach
Amelia Island Plantation
Amelia Island S.R.A.
Callahan
Deerfield Lakes
Hedges
Nassauville
Jacksonville Int'l. Airp.
Crawford
Ratliff
Kingsley Plantation St. Hist. Site
Timucuan Ecological and Historical Preserve
New Berlin
Rollins Bird and Plant Sanctuary
Verdie
Bryceville
Zoo
Fort Caroline Nat'l. Mem.
JACKSONVILLE
Atlantic Beach
Neptune Beach
Jacksonville Beach
Baldwin
Wesconnett
Ponte Vedra Beach
Jacksonville Heights
Goodbys
Cecil Field N.A.S.
Sawgrass
Palm Valley
Intracoastal Waterway
Orange Park
Doctors Inlet
Fruit Cove
Middleburg
Switzerland
Guana River S.P.
South Ponte Vedra Beach
Tolomato
Russel
St. Johns
Orangedale
Penney Farms
Kingsley Lake
Green Cove Springs
World Golf Village / Hall of Fame
Vilano Beach
St. Augustine
Castillo de San Marcos Nat'l. Mon.
Picolata
Oldest Store Mus.
Allig. Farm
St. Augustine Beach
Oldest House in U.S.
Lightner Museum
St. Augustine South
Vermont Hts.
Mike Roess Gold Head Branch S.P.
Keystone Hts.
Lake Geneva
Bostwick
Armstrong
Elkton
Crescent Beach
Federal Point
Spuds
Fort Matanzas Nat'l. Mon.
Florahome
Grandin
Orange Mills
Hastings
Summer Hafen
Faver-Dykes S.P.
Palatka
Hollister
East Palatka
Marineland
Marineland of Florida
Interlachen
Francis
Ravine State Gardens
Washington Oaks State Gardens
Edgar
San Mateo
Matanzas
Rodman
Palm Coast
Satsuma
Espanola
Painters Hill
Pomona Park
Beverly Beach
Flagler Beach
Orange Springs
Rodman Reservoir
Welaka
Flagler Beach S.R.A.
Lake Como
Crescent L.
Bunnell
Crescent City
Bulow Plantation Ruins St. Hist. Site
Georgetown
Korona
Eureka
Salt Springs
Favorita
Addison Blockhouse St. Hist. Site
Ormond By The Sea
Fort McCoy
L. Kerr
Tomoka S.P.
Seville
L. Disson
National Gardens
ORMOND BEACH
Ocklawaha
Lake George
Ocala
Pierson
Holly Hill
DAYTONA BEACH
Daytona Beach Shores
South Daytona
PORT ORANGE
Emporia
Barberville
De Leon Springs S.R.A.
Daytona Beach International Airport
Green Mound St. Archaeological Site
Lynne
Astor
Silver Springs Shore
National
Astor Park
Lake Woodruff N.W.R.
De Leon Springs
Daytona Int'l. Speedway
Ponce Inlet
Candler
Moss Bluff
Glenwood
Oklawaha
Forest
De Land
Mission City
New Smyrna Beach
Crows Bluff
Samsula
Eastlake Weir
Hontoon Isl. S.P.
Edgewater
Altoona
Paisley
Lake Helen
Turtle Mound State Archaeological Site
Weirsdale
Orange City
Cassadaga
New Smyrna Sugar Mill Ruins St. Hist. Site
Lady Lake
Umatilla
Oxford
Fruitland Park
Grand Island
DELTONA
Wildwood
Enterprise
Oak Hill
Osteen
Lisbon
Cassia
Eustis
Mount
Canaveral National Seashore
124

D
E
F
121
Distances in miles
Gulf of Mexico
Red Level
Crystal River St. Archaeological Site
Crystal River
Crystal Bay
Beverly Hills
Holder
Hernando
Homosassa Bay
Homosassa Springs St. Wildlife Park
Homosassa
Homosassa Springs
Yulee Sugar Mill Ruins St. Hist. Site
Lecanto
Inverness
Floral City
Ft. Cooper S.P.
L. Apopka
Rutland
Lake Panasoffkee
Coleman
Wildwood
Oxford
Lady Lake
Okahumpka
Sumterville
Chassahowitzka N.W.R.
Chassahowitzka
Chassahowitzka Bay
Withlacoochee S.F.
Istachatta
Pineola
Nobleton
Bushnell
Center Hill
Dade Bttd. St. Hist. Site
Webster
St. Catherine
Raccoon Point
Brooksville
Bayport
Weeki Wachee
Weeki Wachee Spring
Brookridge
Spring Lake
Tarrytown
Linden
Ridge Manor
Withlacoochee S.F.
SPRING HILL
Garden Grove
Masaryktown
Lacoochee
Trilby
Aripeka
Dade City
Hudson
Bayonet Point
Port Richey
Darby
St. Leo Coll.
St. Leo
San Antonio
Gulf Harbors
New Port Richey
Elfers
Richland
Lumberton
Holiday
Land O' Lakes
Wesley Chapel
Zephyrhills
Anclote Key S.P.
Anclote Keys
Anclote
Odessa
Tarpon Springs
Tarpon Lake Village
Lutz
Crystal Springs
Providence
Hillsborough River S.P.
Kathleen
Gibsonia
Crystal Beach
PALM HARBOR
Northdale
Carrollwood
Lake Magdalene
Knights
LAKELAND
Ozona
L. Tarpon
Oldsmar
University West
Temple Terrace
Caladesi Island State Park
DUNEDIN
Egypt Lake
Busch Gardens
CLEARWATER
Safety Harbor
Rocky Creek
Tampa Int'l Airport
Seffner
Plant City
Lakeland Linder Reg. Airp.
Belleair Beach
Belleair
St. Petersburg-Clearwater Int'l Airport
TAMPA
BRANDON
Medulla
LARGO
Belleair Bluffs
High-point
Clair-Mel-City
Nichols
Mulberry
Indian Rocks Beach
Bloomingdale
Keysville
Seminole
Gibsonton
Riverview
Lithia
Pierce
PINELLAS PARK
Adamsville
Treasure Island
South Pasadena
ST. PETERSBURG
Bradley
St. Petersburg Beach
Gulfport
Apollo Beach
Ruskin
Balm
Picnic
Sun City Center
Fort Lonesome
Tampa Bay
Gulf City
Sun City
Wimauma
Little Manatee
Tierra Verde
Mullet Key
Sunshine Skyway
Fort de Soto Park
Gillette
Little Manatee River S.R.A.
Fort Green
Duette
Terra Ceia
Parrish
Fort Green Springs
Anna Maria Island
Anna Maria
Memphis
Palmetto
Palma Sola
Ellenton
Lake Manatee S.R.A.
Manatee
Holmes Beach
Samoset
BRADENTON
South Bradenton
Ona
Myakka Head
Longboat Key
Sarasota-Bradenton Int'l Airport
Verna
Sarasota Bay
Ringling Museum
SARASOTA
Myakka City
Limestone
Lido Key
Fruitville
Bee Ridge
Big Sarasota Pass
Pine Level
Myakka
Sandy
Crescent Beach
Coral Cove
Myakka River State Park
Siesta Key
Oscar Scherer S.R.A.
Osprey
Laurel
Casey Key
Hull
Nokomis
Venice
Venice Gardens
North Port
Fort Ogden
South Venice
Warm Mineral Springs
Manasota
Murdock
Peace River Shores
PORT CHARLOTTE
Englewood
El Jobean
Charlotte Harbor
Solana
Cleveland
Englewood Beach
Grove City
Cape Haze
Punta Gorda
South Punta Gorda Hts.
Rotonda
Don Pedro Is. S.R.A.
Placida
Tropical Gulf Acres
Gasparilla Pass
Gasparilla Is. S.R.A.
Island Bay N.W.R.
Pirate Harbor
Gasparilla Island
Boca Grande
Charlotte Harbor
Cayo Costa State Park
126
Bokeelia
Pineland
La Costa Island
Matlacha
Fort Myers

121
124
126
F l o r i
ORLANDO
KISSIMMEE
LAKELAND
SANFORD
DELTONA
ALTAMONTE SPRS.
WINTER PARK
BRANDON
PORT CHARLOTTE
Brooksville
Hernando
Inverness
Floral City
Leesburg
Eustis
Mount Dora
Tavares
Lady Lake
Fruitland Park
Umatilla
Altoona
Paisley
Orange City
De Bary
Cassia
Osteen
Enterprise
Lake Helen
Cassadaga
Wildwood
Oxford
Coleman
Sumterville
Lake Panasoffkee
Bushnell
Center Hill
Webster
Mascotte
Groveland
Clermont
Minneola
Winter Garden
Ocoee
Apopka
Lockhart
Pine Hills
Orlovista
Sky Lake
Belle Isle
Bay Hill
Doctor Phillips
Kissimmee
Buena Ventura Lake
St. Cloud
Narcoossee
Reptile World
Campbell
Intercession City
Loughman
Poinciana
Davenport
Haines City
Lake Alfred
Auburndale
Winter Haven
Dundee
Lake Hamilton
Waverly
Lake Wales
Bok Tower Gardens
Cypress Gardens
Eagle Lake
Bartow
Mulberry
Medulla
Plant City
Seffner
Temple Terrace
University West
Lake Magdalene
Zephyrhills
Dade City
San Antonio
St. Leo
Lacoochee
Trilby
Crystal Springs
Kathleen
Gibsonia
Knights
Polk City
Providence
Fantasy of Flight
Walt Disney World Resort Complex
Universal Studios
Sea W.
Taft
Meadow Wood
Williamsburg
Gatorland
Splendid China
Eva
Rock Ridge
Richland
Lumberton
Wesley Chapel
Hillsborough River S.P.
Riverview
Bloomingdale
Keysville
Lithia
Pierce
Bradley
Picnic
Sun City Center
Wimauma
Fort Lonesome
Homeland
Pembroke
Fort Meade
West Frostproof
Frostproof
Alturas
Highland Park
Babson Park
Nalcrest
Hesperides
Fedhaven
Hillcrest Heights
Indian Lake Estates
Avon Park Bombing and Gunnery Range
Avon Park
Fort Kissimmee
Highlands Lakes
Bowling Green
Paynes Creek St. Hist. Site
Fort Green
Fort Green Springs
Torrey
Wauchula
Lemon Grove
Griffins Corner
Zolfo Springs
Ona
Sebring
Sebring Int'l. Grand Prix Race Course
De Soto City
Lorida
Spring Lake
Lake Istokpoga
Cornwell
Highlands Hammock State Park
Crewsville
Buchanan
Myakka Head
Myakka City
Limestone
Gardner
Pine Level
Brownville
Sandy
Arcadia
Sylvan Shores
Lake Placid
Placid Lakes
Brighton
Myakka River State Park
Bradenton
Parrish
Duette
Verna
Fruitville
Little Manatee River S.R.A.
Lake Manatee S.R.A.
Nocatee
Hull
Fort Ogden
Peace River Shores
Bermont
Palmdale
Lakeport
Cypress Knee Museum
Gatorama
Brighton Seminole Indian Reservation
Venice Gardens
North Port
Warm Mineral Springs
Murdock
Englewood
El Jobean
Charlotte Harbor
Solana
Cleveland
Punta Gorda
South Punta Gorda Hts.
Tropical Gulf Acres
Grove City
Cape Haze
Rotonda
Placida
Don Pedro Is. S.R.A.
Gasparilla Is. S.R.A.
Gasparilla Island
Boca Grande
Cayo Costa State Park
Bokeelia
La Costa Island
Pineland
Matlacha
Island Bay N.W.R.
Pirate Harbor
Bayshore
North Fort Myers
Buckingham
Alva
Denaud
La Belle
North La Belle
Goodno
Citrus Center
Lake Hicpochee
Holopaw
Lake Kissimmee S.P.
Lake Kissimmee
Lake Arbuckle S.P.
Lake Weohyakapka
Cypress L.
L. Hatchineha
L. Gentry
Alligator L.
Tohopekaliga
East L. Tohopekaliga
Withlacoochee S.F.
Orlando Int'l. Airport
Lakeland Linder Reg. Airp.
Fort Cooper S.P.
Istachatta
Pineola
Nobleton
Brookridge
Spring Lake
Garden Grove
Darby
Masaryktown
Ridge Manor
Tarrytown
Linden
St. Catherine
Dade Bld. St. Hist. Site
Yalaha
Okahumpka
Howey-in-the-Hills
Astatula
Montverde
Tangerine
Zellwood
Sorrento
Mt. Plymouth
Lake Mary
Heathrow
Longwood
Oviedo
Winter Sprs.
Sweetwater Oaks
Wekiva Sprs.
Union Park
Citrus Tower
Summerport Beach
Lake Buena Vista
Park
Grenelefe
Inwood
Nichols
Clair-Mel City
Balm
Florida's Turnpike
Lake Monroe
Midway
Grand Island
Lisbon
Lake Jem
Hontoon Isl. S.P.
Blue Springs S.P.
Weirsdale
Rutland
Holder
Kissimmee River

D
E
F
1
2
3
4
5
6
Distances in miles
20 miles
20 km
ATLANTIC
OCEAN
Edgewater
Smyrna
Sugar Mill Ruins Hist. Site
Turtle Mound State Archaeological Site
Oak Hill
Canaveral National Seashore
Scottsmoor
Mosquito Lagoon
Indian
Mims
Merritt Island N.W.R.
Playalinda Beach
La Grange
TITUSVILLE
John F. Kennedy Space Center
U.S. Astr. Hall of Fame
Spaceport U.S.A. (Visitors Center)
Valiant Air Command
Port St. John
Cape Canaveral Air Force Station
Frontenac
Sharpes
City Point
Banana
Cape Canaveral
Cocoa
Rockledge
L. Poinsett
MERRITT ISLAND
Cocoa Beach
L. Winder
Viera
Palm Shores
Canova Beach
L. Washington
Melbourne Int'l. Airport
West Melbourne
Indian Harbour Beach
MELBOURNE
Melbourne Beach
June Park
Sawgrass L.
Lake Hell 'n' Blazes
PALM BAY
Malabar
Valkaria
Melbourne Shores
Floridana Beach
Grant
Micco
Barefoot Bay
Sebastian Inlet
Sebastian Inlet S.R.A.
Kenansville
Roseland
Sebastian
Pelican Island N.W.R
Fellsmere
Vero Lake Estates
Wabasso
Blue Cypress L.
Winter Beach
Indian River Shores
Gifford
Vero Beach
Poinciana Park
Florida's Turnpike
Lakewood Park
Indrio
St. Lucie Mus.
Ft. Pierce Inlet S.R.A.
Ft. Pierce Inlet
St. Lucie
Manatee Center
Fort Drum
FORT PIERCE
White City
PORT ST. LUCIE
Walton
Hutchinson Island
Jensen Beach
Elliott Mus. & House of Refuge
Florida Oceanographic Coastal Center
Ranch Acres
Cypress Quarters
Okeechobee
Sherman
North River Shores
Stuart
Sewall's Point
Port Sewall
Taylor Creek
Palm City
Port Salerno
St. Lucie Inlet St. Preserve
Hobe Sound
Indiantown
St. Lucie Canal
Jupiter Island
Jupiter Island
Jon. Dickinson S. P.
Beach Colony
Jupiter Inlet
Lake Okeechobee
Port Mayaca
Tequesta
Jupiter
Dupuis Reserve S. F.
Burt Reynolds Ranch
Juno Beach
J. D. Mac Arthur Beach S. P.
Pahokee
Canal Point
Bryant
Palm Beach Gardens
North Palm Beach
Lake Park
Palm Beach Shores
West Palm Beach Canal
WEST PALM BEACH
RIVIERA BEACH
Shawnee
Clewiston
Lion Country
Royal Palm Beach
Palm Beach
Harlem
Lake Harbor
Belle Glade
South Bay
Palm Beach Int'l. Airport
Palm Springs
Freeport (Bahamas)
127

A
B
C
124
135
126
1
2
3
4
5
6
Gasparilla Is. S.R.A.
Gasparilla Island
Island Bay N.W.R
Charlotte Harbor
Pirate Harbor
Boca Grande
Cayo Costa State Park
Bokeelia
La Costa Island
Pineland
Matlacha
Pine Island
Captiva Pass
North Captiva Island
CAPE CORAL
Flamingo Bay
Redfish Pass
Captiva
St. James City
Captiva Island
Sanibel
Sanibel Island
J. N. „Ding" Darling N.W.R.
Punta Rassa
Lee Island Coast
North Fort Myers
FORT MYERS
Fort Myers Villas
Bayshore
Tice
Buckingham
Lehigh Acres
Southwest Florida Int'l. Airport
San Carlos Park
Fort Myers Beach
Estero Island
Koreshan St. Hist. Site
Lovers Key S.R.A.
Corkscrew Swamp Sanctuary
Corkscrew
Lake Trafford
Immokalee
Everglades Wonder Gardens
Bonita Beach
Bonita Springs
Bonita Shores
Naples Park
Vanderbilt Beach
Delnor-Wiggins Pass S.R.A.
North Naples
Jungle Larry's Zoo Park at Caribbean Gardens
Golden Gate
Naples
East Naples
Little Marco Pass
Rookery Bay Nat'l. Estuarine Research Res.
Isle of Capri
Big Marco Pass
Marco
Marco Island
Caxambas Pass
Collier Seminole S.P.
Goodland
Gullivan Bay
Cape Romano
Ten Thousand Islands
Chokoloskee
Everglades City
Carnestown
Ochopee
Copeland
Jerome
Fakahatchee Strand St. Preserve
Sunniland
Felda
North La Belle
Denaud
Alva
La Belle
Goodno
Hicpochee
Alligator Alley
Monroe Station
Tamiami
Chevallier Bay
Alligator Bay
Highland Point
Key McLaugh
Shark Point
Ponce de Leon Bay
Shark River I.
Northwest Cape
Middle Cape
East Ca
Gulf of Mexico
Florida Keys National Marine Sanctuary
Marquesas Keys
KEY WEST
Key West Aquarium
Key West Int'l. Arpt.
Key West N.W.R.
Great White Heron N.W.R.
Johnston Key
Mud Keys
Sugarloaf Key
Snipe Keys
Stock Island
Big Coppitt Key
Cudjoe Key
Cudjoe
Summerland Key
Ramrod Key
Big Torch Key
Big Pine Key
Key Deer N.W.R.
Content Keys
No Name Key
Bahia Honda State Park
Seven Mile Br
Marathon
Intracoastal Waterway

WEST PALM BEACH
RIVIERA BEACH
Royal Palm Beach
125
D
E
F
Shawnee
Clewiston
Harlem
Lake Harbor
South Bay
Belle Glade
Wellington
Loxahatchee
Palm Springs
Arthur R. Marshall-Loxahatchee N. W. R.
Greenacres
Seminole Manor
Rainbow Lakes
LAKE WORTH
Lantana
Manalapan
Ocean Ridge
Briny Breezes
Gulf Stream
BOYNTON BEACH
Villages of Oriole
DELRAY BEACH
The Hamptons
Highland Beach
Boca West
Freeport (Bahamas)
Hillsboro Canal
North New River Canal
Miami Canal
South New River Canal
COCONUT CREEK
BOCA RATON
DEERFIELD BEACH
CORAL SPRINGS
Lighthouse Point
MARGATE
POMPANO BEACH
NORTH LAUDERDALE
TAMARAC
Lauderdale-by-the-Sea
OAKLAND PARK
Hugh Taylor Birch S. R. A.
LAUDERDALE LAKES
SUNRISE
LAUDERHILL
Big Cypress Seminole Indian Reservation
PLANTATION
FORT LAUDERDALE
DAVIE
Fort Lauderdale-Hollywood International Airport
PEMBROKE PINES
MIRAMAR
HOLLYWOOD
HALLANDALE
Sunny Isles
Miccosukee Indian Reservation
CAROL CITY
Miami Lakes
HIALEAH
NORTH MIAMI
North Bay Village
Miami Springs
Miami Int'l. Airport
MIAMI BEACH
Sweetwater
MIAMI
Westchester
CORAL GABLES
Westwood Lakes
Bill Baggs Cape Florida S. R. A
Key Biscayne
Shark Valley Visitor Center
KENDALL
Richmond Hts.
Perrine
Observation Tower
Cutler Ridge
Monkey Jungle
Princeton
Naranja
Goulds
Biscayne National Park
Biscayne Bay
Sands Key
Elliott Key
Islandia
Leisure City
HOMESTEAD
Florida City
Pa-hay-Okee Overlook
Visitors Center & Park Hdqrs.
Everglades National Park
The Everglades
Ochos Rios, Nassau, San Juan
Labadee, St. Maarten, Nassau, Coco Cay
Gumbo Limbo Trail
Anhinga Trail
Old Rhodes Key
Intracoastal Waterway
Mahogany Hammock
Mangrove Swamp
John Pennekamp Coral Reef State Park
Key Largo
Barnes Sound
West Lake Trail
Flamingo
Oyster Keys
Key Largo
Key Largo National Marine Sanctuary
Sunset Point
Florida Bay
Plantation Key
Tavernier
Plantation
McKee's Museum
Theater of the Sea
Upper Matecumbe Key
Islamorada
Lignumvitae Key St. Botanical Site
Indian Key St. Hist. Site
Lower Matecumbe Key
Long Key Layton
Long Key S. R. A.
Duck Key
Vaca Key
Key Colony Beach
Florida Keys
Distances in miles
20 miles
20 km
1
2
3
4
5
6

In diesem Register sind alle in diesem Führer erwähnten Orte, Ausflugsziele und Personen verzeichnet. Halbfette Seitenzahlen verweisen auf den Haupteintrag, kursive auf ein Foto.

Schreiben Sie uns!

Liebe Leserin, lieber Leser,

wir setzen alles daran, Ihnen möglichst aktuelle Informationen mit auf die Reise zu geben. Dennoch schleichen sich manchmal Fehler ein – trotz gründlicher Recherche unserer Autoren/innen. Sie haben sicherlich Verständnis, dass der Verlag dafür keine Haftung übernehmen kann. Wir freuen uns aber, wenn Sie uns schreiben.

Senden Sie Ihre Post an die Marco Polo Redaktion, MAIRDUMONT, Postfach 31 51, 73751 Ostfildern, info@marcopolo.de

Impressum

Titelbild: Art Déco District, Miami (Look: U. Seer)
Fotos: Bilderberg: D. Schmidt (49, 84); Distefora: T. Finken (14), M. Kolvenbach (96), W. Skrypczak (U. l., 40); HB Verlag: P. Frischmuth (1, 4, 5 o., 56, 73), Hamburg (12, 24); laif: Caputo (9, 35), Hub (27, 63), Krüll (25, 104), Meier (38, 79), Neumann (2 o., 16, 30, 65, 67, 68, 74, 82, 95, 98, 100, 103), Piepenburg (20), Ulutuncok (U. m., 45, 87); Look: Seer (115); Mauritius: Messerschmidt (72), Schwarz (5 u., 28), Vidler (6, 53), Visa Image (18); Schapowalow: Schumacher (54); Transglobe: Farenholtz (10), Laida (48); E. Wrba (U. r., 2 u., 7, 26, 47, 58, 66, 76, 89, 90, 92); Zefa (22)

12., aktualisierte Auflage 2006 © MAIRDUMONT, Ostfildern
Herausgeber: Ferdinand Ranft, Chefredakteurin: Marion Zorn
Redaktion: Marlis von Hessert-Fraatz, Bildredakteurin: Gabriele Forst
Kartografie Reiseatlas: © MAIRDUMONT/Falk Verlag, Ostfildern
Vermarktung: MAIRDUMONT MEDIA, media@mairdumont.com
Gestaltung: red.sign, Stuttgart
Sprachführer: in Zusammenarbeit mit Ernst Klett Sprachen GmbH, Stuttgart, Redaktion PONS Wörterbücher

Printed in Germany. Gedruckt auf 100% chlorfrei gebleichtem Papier

Bloß nicht!

Ein paar Hinweise auf mögliche Probleme und Gefahren

Dinge falsch einschätzen

Oft werden in Florida die Entfernungen, die Intensität der Sonne und die Hartnäckigkeit der Insekten unterschätzt. Es empfiehlt sich deshalb, an Kopfbedeckung, Sonnen- und Insektenschutzmittel zu denken, um sich nicht die Urlaubsfreude zu verderben. Die Reise von Ort zu Ort lässt sich präziser kalkulieren, wenn Sie beachten, dass eine Meile 1,6 km entspricht und der Verkehr bedeutend langsamer fließt als in Europa.

Nacktbaden

Die einzigen Strände, an denen zumindest das Oben-ohne-Sonnenbaden geduldet wird, sind einige Strände in Miami Beach und in Key West. Sonst kann Ihnen ein fettes Bußgeld drohen!

Gefahren im Meer unterschätzen

Achten Sie darauf, beim Tauchen den Korallenriffen nicht zu nahe zu kommen. Das Berühren und erst recht das Abbrechen stehen unter Strafe. Im Wasser droht eine weitere Gefahr. Als »Portugiesische Galeeren« bekannte Quallen *(portuguese man-of-war)*, die wie violette Plastiktüten auf dem Wasser zu treiben scheinen, besitzen bis zu 50 m lange Tentakel. Ein Hautkontakt löst gefährliche Verbrennungen aus und kann zum Kreislaufschock führen. Bei Fieber oder Kopfschmerzen sollten Sie zum Arzt.

Falsche Tickets kaufen

An Straßenecken und in Hallen der Motels in Orlando bieten fliegende Händler verbilligte Tickets für Disney World und Universal Studios an. Der Betrug: Die auf den Magnetstreifen erfassten und deshalb nicht lesbaren Eintrittsdaten sind längst verfallen.

Dem Jetlag nachgeben

Sie sollten sich nach der Ankunft in Florida nicht der Jetlag-Müdigkeit hingeben, sondern sich bis in den Abend hinein wachhalten. Als Jetlag bezeichnet man die Verzögerung, mit der sich der Körper auf den neuen Tag-Nacht-Rhythmus umstellt. An den Zeitunterschied von sechs Stunden gewöhnen Sie sich innerhalb von drei Tagen.

Mittags die Tiere beobachten

Tierschutzgebiete wie die Everglades sollten Sie nicht um die Mittagszeit erforschen. Die Hitze macht nicht nur den Menschen zu schaffen. Vögel und Alligatoren meiden sie ebenfalls. Deshalb können Sie diese leichter am frühen Morgen oder späten Nachmittag beobachten.